Oscar Lenius

Der stilvoll gekleidete Herr

Oscar Lenius

DER STILVOLL GEKLEIDETE HERR
Ein Ratgeber

LIT

1. – 5. Tausend

ISBN 3–8258–3120–5

© LIT VERLAG Münster – Hamburg – London

Dieckstr. 73   48145 Münster
Tel.: 0251 / 23 50 91   Fax: 0251 / 23 19 72

Inhalt

Vorbemerkung

Sind Sie in Kleidungsfragen unsicher? Dies muß Sie nicht beunruhigen, es geht den meisten Männern nicht besser. Amerikanischen Männern wird nachgesagt von Autos mehr zu verstehen, als von Kleidung. Nun würde niemand ein ordentliches Auto kaufen, und ein ordentliches soll es schon sein, ohne sich zu informieren.

Auch der Kauf guter Kleidung will gekonnt sein. Männer haben es hier schwer. Zunächst von den Müttern umsorgt, dann von Freundin oder Frau, haben viele es sich bequem gemacht. Ist die Beratung gut, so bleibt wenig dagegen einzuwenden. Blickt man sich um, blickt man etwa auf den Fernsehschirm, so sieht man auch bei bekannten Zeitgenossen faltenreiche Anzüge.

Ein ordentlicher Anzug kostet Geld, eine vollständige Garderobe erst recht. Leider garantiert ein hoher Preis keinen "passenden" Anzug. Auch in guten Fachgeschäften empfiehlt es sich, nicht von vornherein dem Personal zu vertrauen. Informiert zu sein kann also nicht schaden, zumindest erleichtert es die Wahl des richtigen Verkäufers.

Die beste Garderobe bereitet wenig Freude, wenn man sie nicht anlaßgerecht zu nutzen weiß. Auch wenn heute Kleidungsvorschriften weitgehend verschwunden sind, so besteht doch in vielen Bereichen eine Vorstellung, wie es sein sollte, zumindest wo die Grenzen sind. Jede Nachrichtensendung belegt, daß Turnschuhe in der Politik "out", Anzug und Schlips "in" sind.

Das vorliegende Buch versucht grundlegende Informationen zu vermitteln.

Im Mittelpunkt steht der Anzug als zentrales Element europäischer Herrenkleidung. Er wird zunächst ausführlich behandelt.

In jedem Kapitel finden Sie Hinweise zu Formen, Anlässen und Materialien. Besonders hingewiesen werden Sie auf Fehler, die sich leicht vermeiden lassen. Fotos und Zeichnungen ergänzen den Text und visualisieren Zusammenhänge.

Im Anhang finden Sie Hinweise zur Kleiderpflege.

Manches wird vertraut sein, einiges bekannt, oder zumindest nicht unbekannt, vieles aber fremd wirken. Bewahren Sie die Ruhe. Schon im alten China galt: Erst ein Mann, der "auf drei Generationen gebildeter Ahnen zurückschauen kann, weiß, wie man sich zu kleiden hat". Aber, so eine andere Erkenntnis der Chinesen, auch der längste Weg beginnt mit dem ersten Schritt.

Was also zieht der stilvoll gekleidete Mann an und was benötigt er?

Einige Antworten bieten die folgenden Seiten.

Oscar Lenius

Geschichte

Schlichte Eleganz

Was ziehe ich an? Diese Frage zierte Anfang des Jahrhunderts einen kleinen Band. Er wandte sich an "alle diejenigen, welche sich manierlich kleiden möchten, aber es nicht verstehen. Die Leute sind gar nicht zu zählen." Für den interessierten Leser ist zusammengestellt, "wie der Anzug den verschiedenen Situationen des öffentlichen und gesellschaftlichen Lebens gerecht wird, und welche Fehler bei der Herrengarderobe unbedingt vermieden werden müssen."

Die Garderobe selbst beschränkt sich auf wenige Kleidungsstücke, auf das, was man für einen Anzug braucht.

Empfohlen wird eine schlichte Eleganz. Sie beruht auf einer einfachen Grundlage: Der Qualität von Material und Verarbeitung. Ein Vergleich sei erlaubt, ohne gute Zutaten kein gutes Essen. Ohne hochwertige Materialien keine stilvolle Kleidung.

Bei exklusiven Automarken sind Modellwechsel verpönt ja die Kundschaft lehnt sie ab. Neue Modelle setzen immer auf Tradition. Stilvolle Kleidung folgt denselben Grundsätzen. Sie vermeidet es heute, wie um die Jahrhundertwende, "den Mitmenschen mit Modeneuheiten zu übertrumpfen".

Kontinuität ist Voraussetzung für Eleganz. Glaubt man englischen Kennern, so entwickelt ein guter Schuh erst nach 20 Jahren seine unverwechselbare Patina.

Stilvolle Kleidung lebt von den englischen Vorbildern, in Beruf und Freizeit. Der schwarze Anzug und die weiße Sportkleidung sind zwei Seiten einer Medaille.

Der Anzug ist das Symbol europäischer Herrenkleidung. Vor etwa 100 Jahren hat er seine heute gültige Form gefunden. Seitdem ist wenig neues geschehen. Nur eine Neuerung kann der Fachmann erkennen: Den Trainingsanzug (Hardy Amies).

Vorbild England

Der Mann von heute kann dankbar sein, daß seine Kleidung englischen Vorbildern folgt, kaum auszudenken, man hätte französischen Vorbildern nachzueifern. Ludwig XIV. ließe grüßen.

Der Anzug ist das Symbol europäischer Herrenkleidung. Er dominiert weltweit und dies in steigendem Maße. Dies war nicht selbstverständlich. Man verdankt es den englischen Adeligen. Sie haben die Entwicklung eingeleitet und einen vollständigen Sieg über die "barocke" Pracht errungen. Man stellt der höfischen Kleidung eine schlichte Eleganz entgegen.

Für die englischen Adeligen spielte das Landleben eine besondere Rolle. Es prägte und wurde durch sie geprägt. Ein repräsentativer Landsitz war Voraussetzung für die Teilnahme am gesellschaftlichen Leben, nicht zuletzt in der hohen Politik. Das aufstrebende Bürgertum ahmte diesem Stil nach und so entstand das, was man sich "landläufig" und zumeist nicht ganz falsch unter einem englischen Gentleman vorstellt. Der englische Gentleman ist zunächst ein Landadeliger. Die Kleidung wurde auch durch das sprichwörtlich unberechenbare britische Wetter in eine "vernünftige Richtung" gedrängt. Zahlreiche gesellschaftliche Veranstaltungen fanden im Freien statt. Hier sind zunächst Jagd und Pferderennen zu nennen. Im englischen Reitanzug ist der Ahnherr europäischer Herrenkleidung zu sehen. Aus ihm entwickelt sich der Gesellschaftsanzug bzw. Geschäftsanzug. Ebenso gehen Sport- und Freizeitkleidung auf den Reitanzug zurück. In beiden Entwicklungen lassen sich dieselben Elemente wiederfinden. Immer wieder kommt es zu wechselseitiger Befruchtung.

Der Gentleman ist Sportsman und da er in unserem Sinne nicht arbeitet, gibt es die für uns selbstverständliche Trennung zwischen Beruf und Freizeit nicht. Zu bestimmten Ereignissen zieht man sich in einer bestimmten Weise an. Die Pferderennen, besonders berühmte wie Royal Ascot, sind selbstverständlich keine Freizeitveranstaltungen, sondern gesellschaftliche Ereignisse allerhöchster Priorität. Hier trifft sich alles was Rang und Namen hat. Hier zeigt sich die Rangordnung der Gesellschaft. Hier bietet sich die Gelegenheit die königliche Familie zu sehen, ja ihr vorgestellt zu werden.

Die Gute Gesellschaft Englands kreist um einen Mittelpunkt, das Königshaus. Nach ihm richtet man sich aus. Es wirkt geschmacksbildend. Die Herrenkleidung ist in vielfältiger Weise von englischen Prinzen befruchtet worden. Queen Viktoria regierte mehr als ein halbes Jahrhundert (bis 1901), da hatte der Prinz of Wales genügend Gelegenheit sich um Kleidungsfragen zu kümmern. Er tat dies sehr intensiv, nicht immer zur Freude seiner Mutter. Die Bügelfalte schreibt man ihm ebenso zu, wie den Hosenaufschlag. Der nachfolgenden Generation verdanken wir den Pullover.

Die Verbreitung der europäischen Kleidung wurde durch die Weltmaßstellung Englands im 19. Jahrhunderts wesentlich befördert. Die englischen Kolonialherren wirken weltweit prägend. Wie ihre Eisenbahnen so verbreiten sie ihre Kleidung.

Der Anzug tritt seinen Siegeszug an als ein Symbol der Macht. Er ist die Kleidung der Oberschichten und wird deshalb übernommen. Er drückt zunächst die Überlegenheit der Weltmacht England aus, dann die Europas.

Die Verhältnisse beginnen sich zu ändern. Heute legen besonders Asiaten wert auf die Sprache der Kleidung. Dem europäischen Geschäftsmann wird für Japan empfohlen: "Zu den Selbstverständlichkeiten eines Treffens mit Geschäftspartnern in Japan gehört ein korrektes Äußeres (dunkler Anzug...)."

Sich nicht europäisch zu kleiden gilt zumeist als rückständig und wird nur von wenigen symbolhaft ausgeübt.

Anzug und Zubehör

Mit "Anzug" ist zunächst ein "Dreiteiler" gemeint: Sakko, Weste, Hose. Die bekannte Silhouette des klassischen Anzugs mit hochgeschlossenem Revers und gering taillierter Form kommt 1867 in Mode, als der Prince of Wales erstmalig mit einem aus gleichem Stoff gefertigten Anzug erscheint. Zunehmend wird es üblich, den ganzen Anzug in einheitlicher Farbe zu tragen. Anthrazit und schwarz dominieren nun die Optik des Mannes von Kopf bis Fuß.

Roß und Reiter verdankt der Anzug seine Entstehung. Führen wir uns das Bild eines Reitanzuges vor Augen. Die Kleidung ist undenkbar ohne Stiefel und Kopfbedeckung. Der Reitanzug ist also mehr als Jacke und Hose. Für den heutigen Straßenanzug gilt dies ebenso. Auch wenn man nicht reitet, sondern geht, ist das Bild unvollständig ohne entsprechendes "Zubehör".

Die Wirkung entfaltet der Anzug erst mit dem richtigen Zubehör. Er bedarf eines besonderen Schlipses, eines besonderen Hemdes und natürlich passende Schuhe. Stiefel empfehlen sich nicht mehr. Sie waren lange, ausgehend von der Reitkleidung, in der Gesellschaftskleidung unverzichtbar.

Der Gürtel hat sich gegenüber dem Hosenträger durchgesetzt, er erweist sich also als unverzichtbar. Selbstverständlich benötigt man Socken und passende Unterwäsche.

Einige Elemente haben an Bedeutung verloren, so Spazierstock und Hut. Gleichwohl bleibt als Fazit: "Ohne Zubehör", kein Stil.

Mit diesem Kleidungsensemble läßt sich das beschreiben, was die europäische Herrenkleidung ausmacht.

Anzug

Anzug

Hinweise zum Einkauf

Jedes gute Kleidungsstück, das Sie kaufen, wird sie eine Zeit begleiten. Je knapper Sie Ihre Garderobe halten, um so stärker gilt dies. Die Auswahl will also überlegt sein. Ihre Kleidung sollte es Ihnen ermöglichen, Ihren "Kleidungsverpflichtungen" nachzukommen. Aus diesem Grund ist es empfehlenswert, ein paar Dinge zu beachten.

Bei Ihren Überlegungen werden Sie zweierlei feststellen: Ein guter, für Sie geeigneter Anzug, wird wohl etwas teurer werden, als Sie vermutet haben. Aber es rechnet sich, wenn sie die richtige Wahl treffen. Sie werden ferner die saisonal wechselnde Modetrends in einem etwas anderen Licht sehen. Allzu Modisches macht sich nur bei wenigen Gelegenheit wirklich gut. Der kritische Käufer wird sich fragen, ob es nicht schon in wenigen Jahren alt aussieht. Ein etwas "konventioneller" Anzug von guter Qualität wird sich als die bessere Investition erweisen.

Auch der teuerste Anzug nützt Ihnen wenig, wenn er Ihnen nicht paßt. Bitte berücksichtigen Sie Ihre individuelle Körperform. Sicher ist der eine oder andere in dieser Hinsicht bevorzugt. Allerdings ist es eine Ausrede, einen schlecht sitzenden Anzug, sehen wir von wenigen Ausnahmen ab, auf die Körperformen des Trägers zurückzuführen. Es wurde zumeist falsch ausgewählt, oder auf notwendige Änderungen wurde leichtfertig verzichtet. Man mag es kaum glauben, aber es ist überall zu beobachten: Viele Ärmel sind zu lang. (Die richtige Länge zeigt die Abbildung rechts). Vom Hemd

Anzug

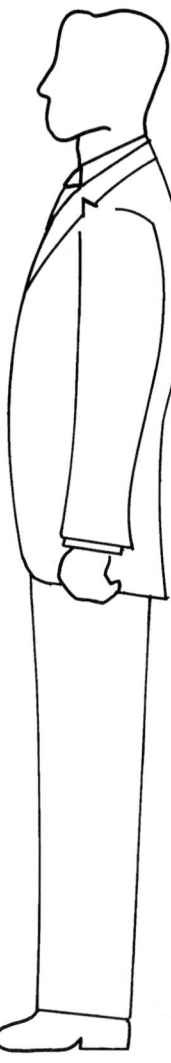

Jackettkragen zu hoch

Jackettkragen zu flach

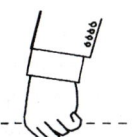

Jackettärmel zu kurz

Jackettärmel zu lang

links:
richtiger Kragensitz,
richtige Ärmellänge,
richtige Hosenlänge

sollte immer ein guter Zentimeter sichtbar sein. Die
Ärmellänge des Jacketts und des Hemdes will also
mit Bedacht gewählt sein (siehe Abbildung).

Die Jackettlänge läßt sich über den Daumenknöchel bestimmen. Lassen Sie Ihren Arm locker hängen. Das Jackett sollte mit dem Daumenknöchel
abschließen.

Sie helfen sich und dem Verkäufer, wenn Sie Ihren
Einkauf etwas vorbereiten. Ziehen Sie einen gut
sitzenden Anzug mit passendem Hemd und ad-
äquaten Schuhen an. Ihr neuer Anzug muß "normale" Verhältnisse vorfinden. Dazu zählen auch
die Kleinigkeiten, die Sie üblicherweise mit sich
tragen, wie z.B. Schlüssel und Brieftasche.

Ein Anzug kann ohne das dazugehörige Hemd
nicht "sitzen". Insbesondere die Kragen müssen
harmonieren. Einige Abbildungen geben Hinweise auf diese oft übersehene Beziehung. Auf die
richtige Hosenlänge wird dagegen zumeist geach-
tet.(siehe Abbildung).

Beherzigt man diese grundlegenden Hinweise, so
hat man mehr erreicht, als durch das Schielen auf
modische Details.

Der gute Sitz

Der Mittelpunkt des Jacketts kann als horizonta-
le Achse angesehen werden. Ist diese Achse zu
hoch oder zu tief, ist der Anzug schlecht positio-
niert. Richtig dürften Sie liegen, wenn die Achse,
sprich der Knopf, etwas unterhalb der eigentlichen
Taille, also der schmalsten Stelle des Oberkörpers
liegt.

Die Schulterpartie sollte in natürlicher Weise die
Schulter des Mannes unterstreichen. Eine gepol-

sterte Schulter empfiehlt sich bei schmalen Schultern und geringer Körpergröße nicht.

Die Wirkung des Kopfes wird von der Wahl der Schulterpartie beeinflußt. Zu enge Jacketts lassen den Kopf größer erscheinen, zu weit geschnittene leicht zu klein. Für die Schulterpartie gilt ähnliches.

Unschön sind Faltenbildungen. Einige Problemzonen führen Ihnen die Abbildungen vor Augen:

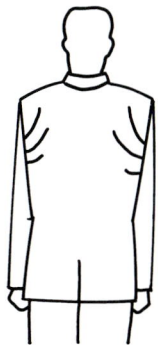

Ein runder Rücken erfordert zum Ausgleich ein Jackett mit einem längeren Rückenteil. Tendenziell rutscht bei einem solchen Körperbau das Jackett nach hinten, so daß der Kragen im Nacken meistens nicht anliegt.

Anzug

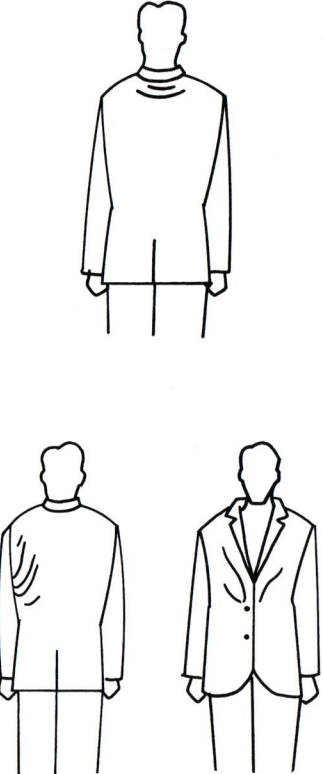

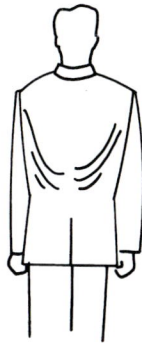

Bei krummer Körperhaltung entstehen häufig Querfalten im Rückenbereich. Zudem sitzt der Kragen zu eng und zu hoch am Hals. Diese Fauxpas lassen sich aber durchaus von einem guten Schneider beheben.

Ein athletischer Körperbau mit hohen Schultern drückt den Kragen und das gesamte Revers oftmals nach oben, was eine Faltenbildung im Nackenbereich zur Folge hat (S. 22 o.).

Herunterfallende Schultern verursachen Falten unterhalb des Ärmeleinsatzes, die sich bis über den Rücken ziehen (S. 22 u.l.).

Ein breiter Rücken führt dazu, daß das Jackett um die Taille herum nicht korrekt anliegt. Ferner steht das Revers des zugeknöpften Jacketts auf (S. 22 u.r.).

Anzug: Grundelemente

Die 100-jährige Entwicklungsgeschichte des Anzugs hat viele Formen hervorgebracht. Erreicht
wurde dies – sieht man vom Schnitt ab – durch
die unterschiedliche Kombination weniger Grund-
elemente:

– Knopfstellung
– Revers
– Taschen
– Schlitze
– Abstiche

Beim Kauf eines Anzugs ist also neben dem
Schnitt auf diese Elemente zu achten. Sie entscheiden mit darüber, welchen Eindruck der Anzug
hinterläßt, ob er "offizieller" wirkt, oder eher "inoffizieller".

Knopfstellung
Der Einknopf/Einreiher ist für offizielle Tagesanzü-
ge und Smokings bestimmt. Der Zweiknopf/Einrei-
her ist die bevorzugte Knopfstellung für nichtoffi-
zielle Anzüge. Auch der Dreiknopf ist eine klassische Form des Einreihers und wird in gewissen Zy-
klen von der Mode propagiert.

Der zweireihige Anzug ist dem Modediktat per-
manent unterworfen. Wer sich diesem ständigen
Wechselspiel von "In und Out" nicht unterwerfen
will, ist gut beraten, eine klassische Knopfstellung
mit oberem Schließknopf zu wählen.

Der Sakko sollte zumindest bei der Begrüßung geschlossen getragen werden. Grundsätzlich bleibt
der untere Knopf geöffnet, beim Dreiknopf kann
der obere geschlossen werden. Beim Zweireiher
sind die Blindknöpfe naturgemäß nicht zu schlie-

Anzug

Zweiknopf-Einreiher

Dreiknopf-Einreiher

Kassischer Zweireiher
mit oberem Schließknopf

Zweireiher mit
zwei Blindknöpfen

ßen. Der untere Knopf des Zweireihers wird nur bei Uniformen geschlossen.

Anzüge mit zwei Knopfleisten sollten im Rücken grundsätzlich mit zwei Seitenschlitzen gearbeitet sein. Lediglich beim zweireihigen Smoking sollte ganz auf einen Schlitz verzichtet werden. Grundsätzlich ist die schlitzlose Variante den offiziellen Anzügen vorbehalten. Einreihige Geschäftsanzüge können nach Wahl mit einem Rücken- oder Seitenschlitz ausgestattet werden.

Revers (Façon)

fallendes Revers   steigendes Revers   Schalkragen

Einreihige Anzüge haben grundsätzlich ein fallendes Revers, zweireihige hingegen ein steigendes. Offizielle einreihige Anzüge können auch mit steigendem Revers zugeschnitten werden. Beim einreihigen Smoking und Dinner-Jacket besteht die Alternative des Schalkragens. Die Reversbreite ist ein beliebtes Opfer des Modediktats. Mit einer Bandbreite von 6 cm bis 12 cm für das Revers bleiben die Anzüge allen modischen Schwankungen zum Trotz zeitlos gültig.

Taschen

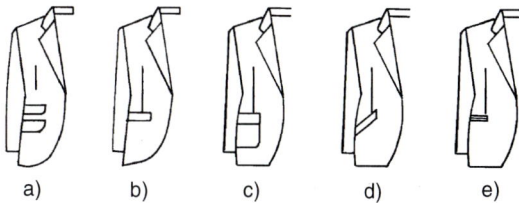

a)   b)   c)   d)   e)

a) Pattentasche mit Billettasche
b) Pattentasche
c) aufgesetzte Tasche
d) schräge Pattentasche
e) Paspeltasche

Grundsätzlich sind aufgesetzte Taschen sportlicher als Pattentaschen. Aufgesetzte Taschen mit Quetschfalte bilden die sportlichste Variante. Pattentaschen sind für den geschäftlichen Anzug typisch. Sie werden mit einer Brust-Leistentasche kombiniert. Auf die Billettasche kann gegebenenfalls verzichtet werden. Die Paspeltasche bleibt hingegen den offiziellen Anzügen vorbehalten und ist für diese geradezu ein Muß.

Fauxpas:

– Zweireiher mit Rückenschlitz
– Inoffizielle Anzüge ohne Schlitz
– Offizielle (schwarze) Anzüge mit aufgesetzten Taschen
– Inoffizielle Anzüge mit Paspeltaschen

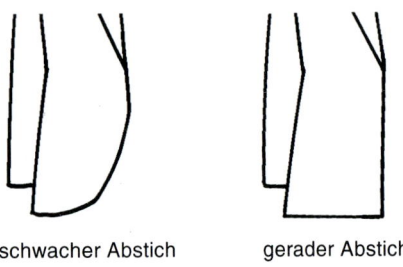

schwacher Abstich   gerader Abstich

Abstich

Unter dem Abstich versteht man den Verlauf der Vorderkante vom Schließknopf bis zum Saum. Der klassische Einreiher besitzt einen schwachen Abstich, der Zweireiher hat einen geraden Abstich.

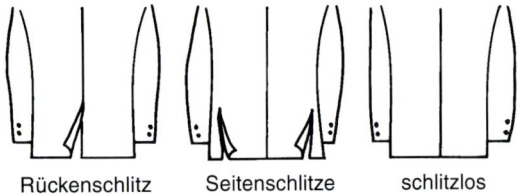

Rückenschlitz   Seitenschlitze   schlitzlos

Schlitz

Der Schlitz taucht in der Geschichte der Kleidung immer wieder als Stilmittel auf. Im Bereich der Herrenkleidung hat er sich nur als Rückenschlitz erhalten. Heute weitgehend ein Stilelement, bei einem Reitanzug, dem Ahnen des Anzugs, höchst nützlich. Zu vermeiden sind Zweireiher mit Rückenschlitz, ebenso inoffizielle Anzüge ohne Schlitz.

Verarbeitung

Die internationalen Anzug-Kollektionen bieten unterschiedlich hochwertige Verarbeitungsstandards an. Insbesondere der Handarbeitsanteil unterscheidet den konfektionierten Anzug vom halbmaßgeschneiderten (Maßkonfektion). Die Krönung der Schneiderkunst ist der Maßanzug. Individuell zugeschnitten garantiert er exakte Paßformgenauigkeit und großen Tragekomfort. Die Oberstoffe und Einlagen werden von Hand vernäht (handpikiert) und mit einem Innenfutter versehen (handstaffiert). Höchste Ansprüche müssen nicht nur an Oberstoffe, Futter und Einlagestoffe, sondern auch an die exzellente Verarbeitung gestellt werden. Auf folgende Details ist zu achten:

a) sorgfältiger Zuschnitt,
b) erstklassige Roßhaareinlage,
c) kleine Stichfolge in allen Nähten,
d) hochwertige Baumwoll- oder Viskosefutter,
e) echte Büffelhornknöpfe,
f) fachgerechtes Formbügeln,
g) sorgfältige Endkontrolle,
h) Paßformgenauigkeit,
i) Tragebequemlichkeit.

Zunehmende Verbreitung findet die Superleicht-Verarbeitung. Ohne jegliche Einlagen in Schultern, Rücken und Brust ist dieses neuartige (Anzugs-)Sakko einzig an der Kragenpartie aufgehängt und besticht so – wie ein Pullover – durch absolute Leichtigkeit und Tragekomfort. Gleichzeitig zeichnet es sich durch höchst korrekte Optik aus, die durch leicht strukturierte Stoffe und anspruchsvolle schneidermäßige Verarbeitung erreicht wird.

Anzug

Anzug: Formen

Stadt- und Geschäftsanzug

Anlaß: Tagesanzug für Beruf, Konferenzen, Gericht, Restaurantbesuche.

Form

Einreihig mit oder ohne Weste oder zweireihig. Hose mit oder ohne Umschlag.

Material

Feine Tuche, Flanell, feine Kammgarne oder Streichgarnqualitäten.

Farben

Grau, blau, braun, auch Mischtöne. Zurückhaltende Musterungen, Streifen, Börsenmuster, feine Glenchecks.

Accessoires

Hemd: weiß, hellblau oder hellbeige, Baumwoll-Popeline, Batist, Fil-à-fil, Millrayé, feine Hemdenstreifen, Kentkragen oder Tabkragen. Doppelmanschette.

Manschettenknöpfe: Edelmetall.

Krawatte: elegante Musterung und Streifen auf Anzugfarbe und Dessinierung abgestimmt. Material: Crêpe de Chine, Gumtwill, feine Seidenrips.

Weste: Material und Farbe des Anzuges.

Einstecktuch: reine Baumwolle, Leinen, Seide, auf Hemd oder Krawatte abgestimmt.

Socken: feine Wolle oder Baumwolle, einfarbig, auf den Anzug abgestimmt.

Schuhe: Budapester, Oxford, Mokassin.

Anzug

Stadt- und Geschäftsanzug
Zweiknopf-Einreiher
fallendes Revers
Pattentaschen, mit oder
ohne Billettasche

Stadt- und Geschäftsanzug
Zweireiher
steigendes Revers
Pattentaschen, mit oder
ohne Billettasche

Halboffizieller Anzug
Einreiher
steigendes Revers
Paspeltaschen

Halboffizieller Anzug
Zweireiher
steigendes Revers
mit oder ohne
Billettaschen

Halboffizieller Anzug
Anlaß: Empfänge, Geschäftseröffnungen, Vernissagen, Konferenzen.

Form
Einreihig mit Weste oder zweireihig mit steigendem Revers. Hose ohne Umschlag.

Material
Mohair, Flanell, feine Wolltuche.

Farben
Dunkelblau, dunkelgrau, auch Ton in Ton gemustert.

Accessoires
Hemd: Batist, Baumwoll-Popeline, weiß. Mit Kentkragen, Doppelmanschette.

Manschettenknöpfe: Edelmetall.

Krawatte: schwarz- oder blaugrundig, dezent gemustert, reine Seide, Crêpe de Chine, feiner Rips.

Weste: Material und Farbe des Anzuges.

Einstecktuch: reine Baumwolle, Leinen oder reine Seide, handgerollt, weiß.

Socken: schwarz oder blau zum Anzug abgestimmt. Leichte Wolle oder Baumwolle.

Schuhe: schlicht schwarz.

Smoking

Der Smoking entspricht gesellschaftlich dem kleinen Abendkleid und wird auf Einladungen mit "black tie" vermerkt.

Anlaß: Offizielle Abendgesellschaft, Ball, Theater oder kleinere offizielle Veranstaltungen.

Form

Sakko, ein- oder zweireihig, ohne Schlitz, mit steigenden Revers und Seidenbesatz (Spiegel) oder Schalkragen, Paspeltaschen. Hose mit Seidengalon, ohne Umschlag.

Material

Leichter Mohair, feines Tuch.

Farben

Schwarz, mitternachtsblau.

Accessoires

Smokinghemd: mit Umlege- oder Klappenkragen, Biesen, Vorderteil mit Falten oder verdeckter Knopfleiste. Doppelmanschette. Material: Baumwolle, Batist oder reine Seide. Farben: weiß, hellbleu, natur (écru).

Manschettenknöpfe: Edelmetall.

Schleife (handgebunden): reine Seide, Satin, schwarz, mitternachtsblau, weinrot, silbergrau, auch Ton in Ton gemustert.

Weste: tief ausgeschnitten, Material und Farbe des Smoking; alternativ der Cummerbund aus Farbe und Material der Schleife.

Einstecktuch: farblich zum Hemd passend. Baumwolle oder Seide, handgerollt.

Socken: schwarzer oder mitternachtsblauer Knie-strumpf aus Seide oder feiner Wolle.

Schuhe: schlicht schwarz.

Hut: Melone, Chapeau claque, Camber, Homburg.

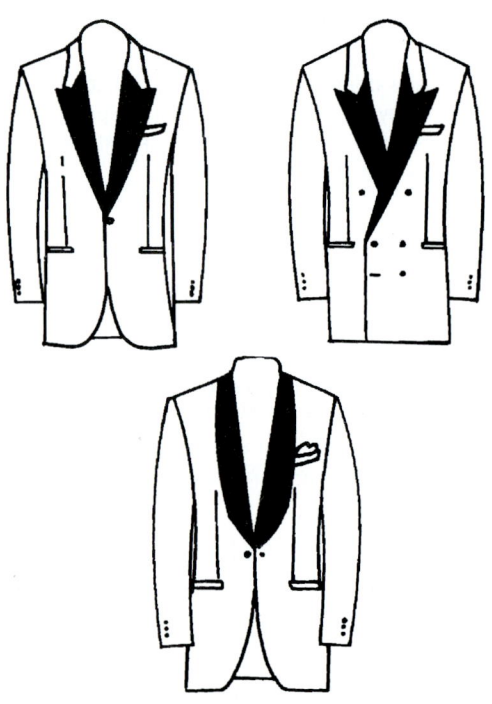

Smoking/Dinner-Jacket

Dinner-Jacket

Der Begriff 'Dinner-Jackett' ist eigentlich irreführend, bezeichnet er doch ein offizielles weißes Abendjackett, das nicht nur zum Dinner getragen wird; 'Dinner-Jackett oder nicht' ist nur eine Frage der Örtlichkeit. Die Regel ist ganz einfach: In geschlossenen Räumen trägt man Smoking, unter freiem Himmel, z. B. auf Gartenfesten oder auf Seereisen, das weiße Dinner-Jackett.

Material
Leichte Wollstoffe, Tropical, Fresco oder reine Seide.

Farben
Weiß oder écru.

Hose
Smokinghose, schwarz oder mitternachtsblau.

Accessoires
Hemd: Smokinghemd, weiß, hellbleu, écru, Baumwolle oder reine Seide.

Manschettenknöpfe: Edelmetall.

Schleife: Smokingschleife.

Weste: tief ausgeschnitten, Material und Farbe des Dinner-Jacketts; alternativ der Cummerbund aus Farbe und Material der Schleife.

Einstecktuch: Baumwolle oder reine Seide, handgerollt.

Socken: Kniestrümpfe, leichte Wolle, Baumwolle, reine Seide, Farbe wie Hose.

Schuhe: schlicht schwarz.

Hut: Homburg, Eden, Boater.

Dessinierung

Klassisch gültige Dessins der Herrenausstattungen sind die hier aufgeführten Musterungen.

Glencheck

Zur Unterscheidung der verschiedenen Clans besitzen die schottischen Familien unterschiedliche Checks (Karos). Die daraus abstammende Musterbezeichnung ist Glencheck, die auf viele Qualitäten anwendbar ist. Glenchecks sind meist schwarz/weiß gemustert und für Tages- und Businessanzüge zu empfehlen.

Glencheck

Hahnentritt

Hahnentritt ist wie der Begriff 'Glencheck' eine reine Musterbezeichnung, die auf viele Qualitäten anwendbar ist. Immer auf einer Köperbindung aufgebaut, hat sich der Hahnentritt als Bezeichnung für abgewandelte Kleinkaros durchgesetzt, die an den Ecken kleine Verlängerungen besitzen, welche dem Abdruck einer Hahnenkralle ähneln. Hahnentritt wird zumeist schwarz/weiß gewebt. Andere Garnfärbungen sind möglich. Der Hahnentritt ist ein typisches Musterungsbild für Tages- und Businessanzüge.

Hahnentritt

Pepita

Pepita ist ein köper- oder leinwandbindiges Gewebe, bestehend aus hellen und dunklen Karos mit der Grundfarbe schwarz/weiß. Andere Farbvarianten sind möglich. Als Tages- oder Businessanzug eignet er sich hervorragend.

Pepita

Fil-à-fil (Pfeffer und Salz)

Ursprünglich vom Kontrast und der Farbe beider Gewürze abgeleitet, bedeutet Pfeffer und Salz (Fil-à-fil) die Farbstellung 1 hell/1 dunkel. Dank der Köperbindung ergibt sich als Mustereffekt das typische Treppchen. Mehrere Farbvarianten sind möglich. Fil-à-fil-Anzüge empfehlen sich für Businessanlässe.

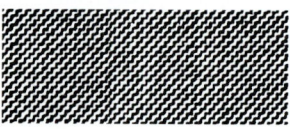

Fil-à-fil

Mausezahn

Im wahrsten Sinne des Wortes ist das Muster von der Form eines Mausezahns abgeleitet. Die Technik gleicht der des Fil-à-fil. Das in sich unruhige

Gewebebild ist in der Farbstellung schwarz/weiß typisch. Andere Farbstellungen sind möglich. Stilistisch ist dieses Muster grundsätzlich für Tages- und Businessanzüge geeignet.

Fischgrat

Charakteristisch für das Aussehen sind die einem Fischskelett vergleichbaren auf- und absteigenden Köpergrate. Schwarz-weiße oder verschiedenfarbige Garne bilden die Farbpalette dieses Gewebebildes. Fischgratstoffe werden für sportive Anzüge im Tagesbereich getragen.

Fischgrat

Nadelstreifen

Auch unter der englischen Bezeichnung 'Pinstripe' bekannt, ist der Nadelstreifen eine der klassischen Herrenanzugmusterungen. Auf der Basis feinfädiger Kammgarnqualitäten mit mehr oder weniger klarem Oberflächenbild wird dieser wie mit der Nadel gestochene (Kreidestreifen wie mit Kreide gezeichnet) feine Streifen durch die Verwendung eines kontrastierenden feinen weißen oder farblich abgesetzten Seidenfadens erzielt. Farbvariationen von hellgrau, anthrazit, mittel- und dunkelblau sind möglich.

Kariert

Eine karierte Hose setzt einen deutlichen sportiven Akzent. Mit dunklem dezenten Karo, z. B. Black Watch, paßt sie zum sportlichen Blazer, als farbenfrohe Golfhose wird sie zum Pullover oder dem sportlichen Blouson getragen.

Uni

Die klassische graue Flanellhose ist die perfekte Ergänzung zum Club-Blazer. Ein weiterer 'Klassiker' ist die unifarbige Baumwollhose als Begleiter des Sportsakkos.

Material

Three-Ply

"Drei Fäden" aus feinster, langstapeliger Merino-Wolle werden miteinander verzwirnt zu einem Garn von größter Elastizität und Strapazierfähigkeit. So entstehen gleichzeitg ungewöhnlich feine wie strapazierfähige Tuche, die dem Wunsch nach korrekter und leichter Business-Kleidung gerecht werden.

Flanell

Flanell ist eine der wichtigsten Stoffqualitäten. Vom reinen Kammgarn-Serge ist der Flanell aus Streich- oder Kammgarn zu unterscheiden. Der weiche, schmiegsame Griff edler Flanelle wird durch das Walken der feinen Merinowolle erreicht, die sehr filzfreudig ist. Die weichgedrehten, melierten Garne werden tuchbindig, häufiger allerdings köperbindig gewebt. Der Flanell ist eine Stoffqualität, die in erster Linie für ein- und zweireihige Tages- bzw. Businessanzüge mit Rücken- oder Seitenschlitzen verarbeitet wird. Flanell sollte möglichst nicht ohne mehrtägige Erholungsphase getragen werden.

Shetland

Die Shetland-Inseln, vor der Nordostküste Schott-

lands gelegen, sind mit ihren gröberen Wollqualitäten ebenso Ursprung des Shetland-Pullovers wie
der echten Shetlandstoffe. Heute werden mittel-
bis großfädige, leicht meltonierte Streichgarnstoffe
aus gröberen Wollen damit gekennzeichnet. Seltener sind die oft aus Halbkammgarn gefertigten
Kammgarnshetlands. Typisch für den echten tuch-
oder köperbindig gewebten Shetland sind die Me-
langeoptik und das offene Gewebe. Shetlands sind
sehr strapazierfähig und knitterresistent. Shetland-
qualitäten werden für sportive Anzüge verarbeitet.

Cheviot
Cheviot ist ein körniger, unempfindlicher, sportlicher, strapazierfähiger Wollstoff mit aufgerauh-
ter Oberfläche. Cheviots werden in einfarbigen
oder bunten Kamm- oder Streichgarnen gewebt.
Die köperbindigen Cheviotqualitäten werden bevorzugt für sportliche Anzüge verarbeitet.

Tweed
Der typische Tweed mit Köperbindung ist me-
langefarbig, zumeist mit Noppen und Stichelhaa-
ren, entweder klarfädig oder mit leicht verwischter
Oberflächenoptik. Echt schottische Tweeds haben
zumeist kleinrapportige Dessins. Die oftmals noch
farbintensiveren irischen Tweeds sind in der Regel großflächig gemustert. Der Begriff Tweed wird
häufig durch Gebietsnamen (Channel Tweed, Irish
Tweed) präzisiert.

Tweedstoffe eignen sich besonders für die kühle Jahreszeit. Typische Tweedanzüge werden mit
Rückengurt, Golffalten und Lederapplikationen
sportlich ausgestattet.

Gabardine
Gabardine ist ein sehr strapazierfähiges, schmutz-

abweisendes und glattes Gewebe mit klaren diagonal verlaufenden Rippen (Köpergrate = Köperbindung) aus feinen bis mittleren Kammgarnen
bzw. Kammgarnzwirnen, häufig uni, nur selten
meltoniert.

Gabardinequalitäten sind typisch für Businessanlässe und in den feinsten Qualitätsstufen auch für
den offiziellen Anzug geeignet.

Lambswool

Lambswool ist Wolle der ersten oder zweiten
Schur eines jungen Tieres bis zum Alter von einem Jahr. Vom Merinoschaf ist sie besonders fein,
weich, geschmeidig und kratzt nicht. Die Qualität
wird für die Fertigung von Sakkostoffen, aber auch
als Beimischung für viele Anzugstoffe verwendet.
Hochwertige Lambswool ist keine strapazierfähige
Qualität. Sie bedarf deshalb einer regelmäßigen
Ruhepause.

Tropical

Tropical ist ein leichtes, tuchbindiges Gewebe aus
Kammgarn. Das klare Gewebebild, die mattschim-
mernde Oberfläche und der körnige Griff sind
ebenso typisch wie seine enorme Festigkeit und
Knitterunempfindlichkeit. Der Tropical ist eine ausgesprochen sommerliche Qualität, ein echter 'Cool
Wool'-Stoff. Klassische Tropicals sind unifarben
und werden für Tages- und halboffizielle Anzüge
verarbeitet.

Mohair

Die Wolle der Uniqualität Mohair stammt von der
ursprünglich in der Türkei beheimateten Angora-
ziege. Das klare Gewebebild dieser Stoffe läßt
die Atlasbindung erkennen. Wichtige Merkmale
des Mohairs sind sein Glanz, der elegante Fall

und sein körniger Griff. Mohair empfiehlt sich für Business- und offizielle Anzüge.

Cashmere (Kaschmir)
Cashmere ist der Inbegriff des Luxuriösen. Die Cashmereziege lebt in Asien auf einer Höhe von 3 000 bis 4 000 m und schützt sich mit ihrem sehr feinen Unterhaar gegen die Kälte. Nach dem Aussortieren der gröberen grauen Haare beträgt die Jahresmenge nur 80–100 g je Tier. Cashmerequalitäten bestehen aus einer Atlasbindung und werden zumeist als Beimischung für Tages- bzw. Businessanzüge verarbeitet.

Panama
Eine leichte Abwandlung der Leinwandbindung verleiht Stoffen eine besonders interessante Oberfläche. Bei dieser speziellen Webart kreuzen sich jeweils zwei Kett- und zwei Schußfäden. Die so entstehende würfelförmige Struktur wird als Panama bezeichnet.

Sommerfresko
ist Schurwolle im Sommergriff. Es ist ein leinwandbindiges Gewebe aus reiner Schurwolle für sommerlich leichte Hosen. Sommerfresko erhält durch hochverzwirnte Garne eine poröse, leicht strukturierte Oberfläche, die sich durch hohe Strapazierfähigkeit, einen luftig-kühlen Griff und angenehmen Tragekomfort auch an heißen Tagen auszeichnet.

Baumwolle
Die meisten Baumwollqualitäten haben eine Leinwand- oder Köperbindung. Die gebräuchlichste Qualität zur Fertigung von Anzügen ist die amerikanische Upland-Baumwolle. Baumwolle ist hautsympathisch und luftdurchlässig und empfiehlt

sich für sommerliche Geschäftsanzüge. Baumwoll-
anzüge sind halb- oder ganzgefüttert und nicht
knitterresistent.

Leinen
Leinen wird aus den Stengeln der Flachspflanze
gewonnen. Die körnige Gewebestruktur mit Leinwandbindung und charakteristischen Garnverdik-
kungen knittert edel und wirkt bei Hitze kühlend.
Leinen ist eine sommerliche Qualität.

Baby-Alpaca
Tuche aus Baby-Alpaca sind besonders geschmeidig, federleicht, erstaunlich widerstandsfähig und
beeindrucken durch Fülle, Weichheit und Sei-
denglanz. Durch die Ausdruckskraft der echten
Naturfarben bewahren die Tuche den ursprüngli-
chen Charme des hochwertigen Materials.

Wolle
Reine Schurwolle ist ein natürliches, edles Grund-
material für tragefreundliche Hosen.

Cool Wool
ist das Warenzeichen für Leichtgewichtstoffe aus
reiner Schurwolle.

Super 100
ist eine besonders feine Wollqualität für den Sommer. Hosen aus 'Super 100' haben angenehm
kühlende Trageeigenschaften. Bemerkenswert ist
die Knitterunempfindlichkeit.

Super 120
ist die Feinheitsangabe für Garne erstklassiger
Qualität. Die Stärke der Wollfaser wird in Mikron
gemessen. Eine niedrige Mikronzahl signalisiert
eine sehr feine Faser. Bei Super 120 liegt die Woll-

faserstärke bei 16,5 bis 17 Mikron. Aus dieser Qualität entstehen sommerlich leichte Stoffe.

High Performance
ist der Markenname für eine besonders hochgezwirnte, feine Wollware. 'High Performance' ist besonders strapazierfähig, knitterunempfindlich und kühl.

Form	Knöpfe	Revers	Taschen
Frack	2-reihig ungeschlossen	Satinbesatz steigende Revers	nur Brust-Leisten-tasche
Smoking	1-reihig 2-reihig	steigend oder Schal steigend	Paspeltaschen Brust-Leisten-tasche
Dinner-Jackett	1-reihig 2-reihig	steigend oder Schal steigend	Paspeltaschen Brust-Leisten-tasche
Cutaway (Cut)	1-reihig	steigend 1 Schließ-knopf	nur Brust-Leisten-tasche
Stresemann	1-reihig	steigend	Pattentaschen Brust-Leisten-tasche
Halboffizieller Anzug	1-reihig 2-reihig	fallend oder steigend steigend	Patten oder Paspel Brust-Leisten-tasche
Stadt-/Geschäfts-anzug	1-reihig 2-reihig	fallend oder steigend steigend	Patten Brust-Leisten-tasche
Sportanzug	1-reihig	fallend	aufgesetzte Tasche, Norfolk Tasche oder Patten taschen mit Brust-Leisten-tasche

itze	Farbe	Dessin	Material	Hose
ße Mittel-tz	schwarz mitternachtsblau	uni	Mohair/ Wolle	ohne Umschlag mit doppeltem Seidengalon
e	schwarz mitternachtsblau	uni	Mohair/ Wolle/ Seide	ohne Umschlag mit einfachem Galon
e	weiß écru	uni	Mohair/ Wolle/ Seide	ohne Umschlag mit einfachem Galon
lange öße	anthrazit schwarz	marengo uni	Wolle	ohne Umschlag Stresemann-streifen
e	anthrazit schwarz	marengo uni	Wolle	ohne Umschlag Stresemann-streifen
kenschlitz r ohne enschlitze	dunkelgrau dunkelblau schwarz	uni Streifen Fil-à-fil	Wolle/ Mohair/ Flanell/ Tropical	ohne oder mit Umschlag
kenschlitz r enschlitze	grau blau braun	Glencheck Streifen Hahnentritt Fil-à-fil Pepita Fischgrat	Wolle/ Lambswool/ Baumwolle/ Leinen/ Flanell/ Tropical/ Gabardine/ Cashmere/ Cheviot	mit Umschlag
tenschlitze r ckenschlitz	braun oliv beige	Glencheck Hahnentritt Pepita Mausezahn Fischgrat	Wolle/ Cashmere/ Baumwolle/ Leinen/ Shetland/ Cheviot Tweed Lambswool	mit Umschlag

Stiltabelle	Anzug
Halboffizieller Anlaß (Vernissagen, Geschäftseröffnungen)	dunkel, zweireihig oder einreihig mit Weste, Pattentaschen, umschlaglose Hose
Offizieller Anlaß (Kleinere Festlichkeiten, Empfänge bei Tag und am Abend)	schwarz, zweireihig òder einreihig mit Weste, Pattentaschen, umschlaglose Hose
Festlicher Anlaß am Tag (Trauungen, Begräbnisse, Empfänge)	Stresemann (Bonner Anzug), schwarz oder marengo, einreihig mit Weste, Pattentaschen, umschlaglose Stresemann-Hose
Festlicher Anlaß am Abend im Haus (Ballett, Theater, Dinner)	Smoking, schwarz, mitternachtsblau, ein- oder zweireihi mit Schalkragen oder Spitzfaçon, umschlaglose Hose mit Seidengalon
Festlicher Anlaß am Abend unter freiem Himmel (Sommerfest, Schiffsreise)	Dinner-Jackett, weiß oder écru ein- oder zweireihig, steigende Revers oder Schalkragen, Paspeltaschen, Smokinghose
Hochoffizieller Anlaß am Tag (Trauungen, Begräbnisse, Empfänge)	Cutaway, schwarz oder marengo, steigende Revers, ein Schließknopf, knielange Schöß umschlaglose graue oder gestreifte Hose, graue Weste
Hochoffizieller Anlaß am Abend (Galadinner, Staatsempfänge)	Frack, steigende, satinbesetzte Revers, Schöße mit Mittelschlitz, Hose mit doppeltem Seidengalon ohne Umschlag

Hemd	Krawatte
weiß, Doppelmanschette Umlegekragen	dunkler Grund, dezente Musterung, Seidenrips, Crêpe de Chine
weiß, Doppelmanschette Umlegekragen	silbergrau, uni oder fein gemustert, schwarz bei Trauer
weiß, Doppelmanschette Umlegekragen	silbergrau, dezente Musterung, schwarz-weiß-grau, schwarz bei Trauer
weiß, hellblau, écru, Doppel-manschette, Kläppchen- oder Umlegekragen, Brustbiesen und verdeckte Knopfleiste	handgebundene Schleife, schwarz, blau oder fa gemustert, Seide
Smokinghemd weiß, hellblau oder écru	schwarze Smokingschleife, Seide
weiß mit Umlegekragen und Doppelmanschette oder einfacher Manschette	silbergrau oder grau-schwarz-weiß, zum Kläppchenkragen Plastron
Frackhemd mit Falten- oder Piquébrust, Kläppchenkragen, Manschetten mit Knopf-löchern	weiße Piqué-Schleife

Stiltabelle	Accessoires
Halboffizieller Anlaß (Vernissagen, Geschäftseröffnungen)	weißes Einstecktuch, schwarz-blaue Kniestrümpfe, schlichte schwarze Schuhe
Offizieller Anlaß (Kleinere Festlichkeiten, Empfänge bei Tag und am Abend)	weißes Einstecktuch, schwarze Kniestrümpfe, schlichte schwarze Schuhe
Festlicher Anlaß am Tag (Trauungen, Begräbnisse, Empfänge)	weißes Einstecktuch, schwarze Kniestrümpfe, schlichte schwarze Schuhe
Festlicher Anlaß am Abend im Haus (Ballett, Theater, Dinner)	farblich dem Hemd entsprechendes Einstecktuch, Weste oder Cummerbund, schwarzer oder blauer Seiden-Kniestrumpf, schlichte schwarze Schuhe oder Lackschuhe
Festlicher Anlaß am Abend unter freiem Himmel (Sommerfest, Schiffsreise)	Einstecktuch, Baumwolle oder Seide, Seiden-Kniestrümpfe in Hosenfarbe, schlichte schwarze Schuhe oder Lackschuhe
Hochoffizieller Anlaß am Tag (Trauungen, Begräbnisse, Empfánge)	dünne schwarze Seiden-Kniestrümpfe, schlichte schwarze Schuhe, Zylinder und graue Handschuhe
Hochoffizieller Anlaß am Abend (Galadinner, Staatsempfänge)	weiße Piqué-Weste, schwarze Seidenstrümpfe, schlichter schwarzer Lackschuh

Hose

Formen

Generell unterscheidet man zwei wichtige Hosenformen: mit oder ohne *Bundfalten*. Aufgrund ihres bequemen, weiten Schnitts hat sich in der klassischen Herrenkleidung heute die Bundfaltenhose durchgesetzt.

Für die Weite der *Hosenbeine* empfiehlt sich eine zeitlos gültige Variante von rund 3/4 der Schuhlänge.

Ein weiteres Hosen-Detail sind die *Taschen*. Anzughosen haben üblicherweise zwei, Einzelhosen eine Gesäßtasche. Eine zusätzliche Uhrtasche ist bei formellen Hosen ein Muß – bei Business-Hosen empfehlenswert.

Offizielle Hosen mit Aufschlag sind ein echter Fauxpas. Die Hose mit Umschlag gehört grundsätzlich zu Kombinationen (Pullover, Sportsakko, Blazer), Sportanzügen, aber auch zu Zweireihern. Der Hosenaufschlag ist rund 3–4 cm breit; nicht allzu groß gewachsene Herren sollten eine schmalere Variante wählen oder ganz auf den Umschlag verzichten.

Die *Hosenlänge* ist richtig gewählt, wenn das Hosenbein mit einem leichten Knick auf dem Schuhspann aufliegt. Bei aufschlaglosen Hosen fällt die Linie zur Ferse hin schräg nach unten ab, hinten sollte die Hose einige Millimeter länger sein. Hosen mit Aufschlag dürfen etwas kürzer sein.

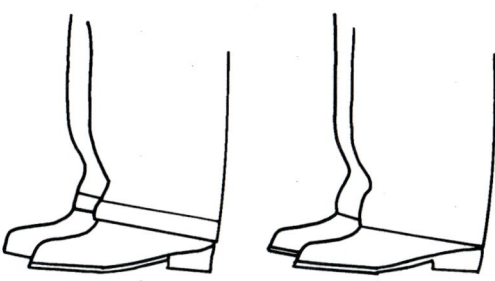

Durch zusätzliches Einsetzen eines Stoffteils läßt sich eine Faltenbildung im Schritt beheben (S. 56 l.)

Falten am vorderen Hosenbein lassen sich durch Verkürzen der Gesamtlänge ausgleichen.

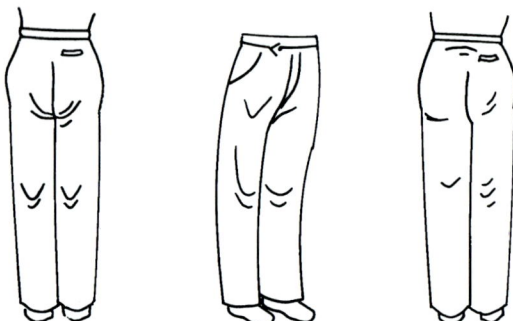

Im allgemeinen sollte eine Hose vorne ein wenig länger sein als hinten (o.m.).

Sogenannte Sitzfalten im Gesäßbereich lassen sich nur durch dämpfen 'ausbügeln'. Auch Gürtel können derartige Faltenbildungen hervorrufen (o.r.).

Accessoires

Gürtel

Gürtel, die nur dazu dienen, eine Hose zu halten, sind eine Erfindung dieses Jahrhunderts. Sie gelten als praktisch und sportlich und sind strenggenommen aus genau diesem Grund bei offizieller Kleidung ungeeignet.

Der Freizeit-Gürtel darf farbige Akzente setzen – auch sportliche Gürtelschließen sind beliebt. Zum Businessanzug wählt man einen klassisch-schlichten Gürtel, immer dunkler als der Anzug und maximal 3 cm breit.

Wer am Abend den Gürtel einem Hosenträger vorzieht, sollte ein elegantes schwarzes Exemplar aus feinstem Leder mit klassischer Silberschließe wählen.

Grundsätzlich gilt: Der Farbton des Gürtels und der Schuhe sollte ähnlich, aber nicht genau gleich sein (Ausnahme schwarz). Ein Wildledergürtel verlangt einen Wildlederschuh. Das Gürtelende sollte mindestens 5 cm über die Gürtelschließe hinausreichen.

Hosenträger

Während noch vor Jahren der Hosenträger fast ausschließlich bei der Gesellschaftskleidung anzutreffen war, entdeckt ihn heute der Gentleman als bequemes, zeitgemäßes Accessoire.

Anlaß		Form
Offizielle Anlässe	Frackhose	ohne Umschlag doppelter Seidengalon, Uhrentasche, Tunnelbund
	Stresemann-Hose (Cutaway)	ohne Umschlag Tunnelbund
	Smokinghose	ohne Umschlag, einfacher Seidengalon, Tunnelbund
Berufliche Anlässe	Hose zum zweireihigen Anzug	Umschlag obligatorisch
	Hose zum einreihigen Anzug	wahlweise mit oder ohne Umschlag
	Blazerhose	Umschlag obligatorisch, Bundfalten
	Hose zum Sportsakko	Umschlag obligatorisch, Bundfalten
Freizeit-Anlässe	Freizeithose	Umschlag obligatorisch, Bundfalten

arbe	Material	Accessoires
chwarz	Mohair, Schurwolle	Hosenträger, Taschenuhr
chwarz-weiß-raue tresemannstreifen	Schurwolle	Hosenträger
chwarz, itternachtsblau	Mohair, Schurwolle	Hosenträger
n Anzugfarbe	Schurwolle, Leinen, Seide, Baumwolle, High Performance	Gürtel, Hosenträger
n Anzugfarbe	Schurwolle, Leinen, Seide, Baumwolle, High Performance	Gürtel, Hosenträger
grau, uni oder dezent kariert	Flanell, Super 100	Gürtel, Hosenträger
uni, kariert	Cool Wool, Flanell, Super 100, Baumwolle, Cord	Gürtel, Hosenträger
uni, kariert, gemustert	Wolle, Baumwolle, Cord, Leinen, Jeans	Gürtel, Hosenträger

Wer ständig Hosenträger trägt, setzt spezielle Knöpfe an die Innenseite des Hosenbundes. Es gibt auch Exemplare mit Metallklammern. Die Auswahl der Dessins ist vielfältig: klassische Streifen, figürlich oder floral.

Der größte Fauxpas, den man begehen kann, ist, Hosenträger und Gürtel gleichzeitig zu tragen. Wer ständig Hosenträger wählt, sollte daher Hosen mit Tunnelbund bevorzugen.

Fauxpas:
Hosenträger und Gürtel gleichzeitig tragen

Zubehör

Hemden

Allgemeines

Zum dunklen Anzug wird ein weißes Hemd getragen. Lange Zeit galt allein weiß als angemessen. Die Farbskala hat sich etwas erweitert, aber nicht wesentlich. Das Anzugshemd steht im deutlichen Gegensatz zum Freizeithemd.

Im Sport dagegen dominiert nach wie vor weiß. Aus dem Kricket, später dem Tennis, wurden Hemden mit angenähtem Kragen übernommen. Davor war der Kragen abknöpfbar und "steif". Auch hier zeichnet sich die wechselseitige Beeinflussung von Gesellschaftsanzug und Sportkleidung ab.

Der Hemdkragen beeinflußt das Erscheinungsbild des Trägers. Er ist darüber hinaus für den Sitz der Krawatte verantwortlich.

Man kann den Hemdkragen mit einem Bilderrahmen vergleichen. Wie für ein Bild, sollte man für den Kopf den passenden Rahmen, sprich Kragen, wählen.

Kragenformen

Umlegekragen
Der Umlegekragen ist als universelle Kragenform in vielerlei Größen und Formen erhältlich. Seine Kragenschenkel variieren von kurz und breit bis lang und schmal (Cutaway – Turndown).

Kentkragen

Der Kentkragen, benannt nach dem Duke of Kent, hat kurze, weit auseinanderstehende Kragenecken. Er ist ideal für Krawatten mit voluminösen Windsor-Knoten.

Kläppchenkragen (Frackkragen)

Der Kläppchenkragen ist der elegante Kragen zum Frack, Smoking und Cutaway.

Tabkragen (Laschenkragen)

Die eckigen oder abgerundeten Kragenschenkel werden mit einem geknöpften Riegel unter dem Krawattenknoten verbunden. Der Tab umschließt die Krawatte und liegt eng am Hals an.

Nadelkragen (Needle, Pin)

Der Kragen ist durch speziell gesäumte Lochungen für die Befestigung der Kragennadel gekennzeichnet. Der Nadelkragen hat spezielle Löcher für die Befestigung der Kragennadel.

Klammerkragen

Eine Kragenklammer kann zu jedem Standardkragen getragen werden, solange die Schenkel nicht allzu weit auseinanderstehen. Ein Button-down-Kragen wird nicht zusätzlich mit Nadel oder Klammer versehen.

Button-down-Kragen

Der sportive Button-down-Kragen ist auf den Polofeldern Englands entstanden. Die Spieler knöpfen sich beide Kragenschenkel an das Hemd, damit diese nicht im Winde flattern.

Zubehör

Umlegekragen

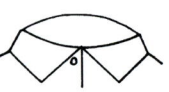

Kläppchenkragen

Tabkragen

Round-Tab

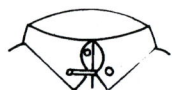

Nadelkragen

Button-down

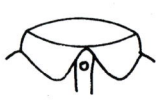

Polokragen

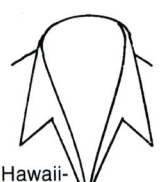

Hawaii-Hemd

Haifischkragen

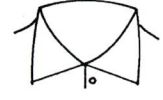

Kentkragen

Manschettenformen

Grundsätzlich werden zwei Manschettenformen unterschieden.

Umschlagmanschetten
Die eleganteste ist die französische Umschlag-manschette (doppelte Manschette), die stets von Manschettenknöpfen geschlossen wird. Abzuleh-nen ist die "Sparvariante" einer einfachen Man-schette für Manschettenknöpfe.

Sportmanschetten
Die "einfache" Sportmanschette ist weit verbrei-tet, empfiehlt sich aber nur für inoffizielle Hemden. Es gibt sie als Ein-Knopf- oder als Zwei-Knopf-Variante.

Taschen

Hemdtaschen entstehen erst mit dem Wegfall der Weste. Das elegante Smokinghemd hat keine Ta-schen, zum Business-Outfit kann man Hemden mit einer Tasche tragen; nur Sporthemden haben zwei Taschen. Auf oder unter der Hemdtasche kann das gestickte Monogramm plaziert werden.

Paßform

Kragenpaßform

Welche Kragenform man wählt, ist vom Anlaß und von der Figur des Herrn abhängig. Herren mit langem Hals werden hohe Kragenformen, Herren mit massigerem Hals niedrigere Kragen empfohlen. Grundsätzlich gilt: Der Kragen darf nicht zu eng sitzen und den Hals einschnüren.

Sie messen Ihre Kragenweite richtig, wenn Sie das Maßband um den unteren Teil Ihres Halses in Höhe Ihres Kragenknopfes legen. Die Enden des locker den Hals umschließenden Maßbandes sollten leicht aneinanderstoßen. Berücksichtigen Sie ein wenig Spielraum, damit Sie der Kragen nicht einengen kann.

Ärmel- und Manschettenpaßform

Die Ärmellänge wird vom höchsten Punkt des Ärmelansatzes bis zur Unterkante Manschette gemessen.

Ihre Manschette sollte anliegen, jedoch noch bequem sitzen und mindestens 1 cm unter dem Anzugärmel hervorschauen.

Rumpfpaßform

Nicht nur die Kragen-, Ärmel- und Manschettenpaßformen, sondern auch die Taillierung (Rumpfpaßform) sind für den guten Sitz eines Hemdes entscheidend. Unterschiedliche Weitenmaße entscheiden über die individuelle Paßform.

Fauxpas:

- Button-Down zu (halb)offiziellen Anlässen
- Sportmanschette zu offiziellen Anlässen
- Einfache Manschetten für Manschettenknöpfe

Dessins

Unis
Natürlich gibt es zu allen Zeiten auch farbige Hemden, doch klassisches Weiß war und ist die dominierende Farbe für den Gentleman. Mit Beginn
der Industrialisierung wird der weiße Kragen Er-
kennungszeichen des höheren Angestellten (white collar worker) im Gegensatz zum Arbeiter (blue
collar worker). Heute sind sanfte Unitöne in allen
Farben für Business-Hemden möglich. Bei Sporthemden variieren auch kräftigere Töne.

Zunehmend werden zum Einfärben der Stoffe öko-
logische Färbemittel wie Indigo, Konchylie (das
Gehäuse der Marienkäfer) oder Pflanzenrinden
verwendet. Umweltbelastende chemische Farb-
substanzen sind auf dem Rückzug.

Streifen
Um 1870 werden gestreifte Sporthemden, "Regat-
ta Shirts", hochmodern. In die klassische Hemden-
parade werden sie mit weißen Kragen und Manschetten aufgenommen.

Römerstreifen

Gleichmäßige, breite Parallelstreifen in satten Kolorierungen werden als Römerstreifen bezeichnet.

Millrayé

Sehr fein gestellte Parallelstreifen in Kettrichtung heißen Millrayé.

End-in-end (Baumwoll Fil-à-fil)

Baumwollstoff mit treppenförmiger Kleinmusterung, bei dem der Kettfaden hell-dunkel wechselt (Köperbindung).

Tattersall

Musterung für Sporthemden. Meist zweifarbige Fadenkaros auf hellem Grund mit ca. 2 cm großen Rapports.

Madras

Vielfarbige, großzügige und leicht verschwommene Karomusterung auf leichten Baumwollgeweben.

Vichy-Karo

Diese karierten Baumwollstoffe machen bereits in den 60er Jahren Karriere. Vichy-Karos sind zweifarbig, sehr klein gestellt bei gleicher Karogröße. Man wähle zum Hemd keine Krawatte, sondern ein Halstuch im offenen Kragen.

Materialien

Baumwoll-Batist

Baumwolle ist atmungsaktiv und weist als natürlicher Hemdenstoff zahlreiche angenehme Trageeigenschaften auf. Baumwoll-Batist ist ein leichtes, feines und durchscheinendes Leinwandgewebe aus feinen hochwertigen Garnen. Feinster

Mako-Batist (Schweizer Batist) ist eine besondere Qualität aus langstapeliger ägyptischer Baumwolle.

Baumwoll-Popeline
ist ein Gewebe mit gezwirntem Schuß und schwachem Rippeneffekt, der durch doppelt so viele Kett- wie Schußfäden entsteht. Eine der besten Qualitäten ist "Sea-Island", eine amerikanische Baumwoll-Sorte mit einer Stapellänge von 50–53 mm. Der Einfach-Popeline besteht aus nicht gezwirnten Garnen. Beim Halbzwirn-Popeline besteht der Kettfaden aus Zwirn, der Schußfaden aus einfachem Garn. Beim Vollzwirn-Popeline besteht der Kettfaden und der Schußfaden aus gezwirnten Garnen.

Oxford
ist ein buntgewebter, strukturierter Baumwollstoff für sportliche (Business-)Hemden.

Baumwollflanell
ist eine Stoffqualität, die durch Anwalken aufgerauht wird, ohne die Faser anzugreifen. Dadurch entsteht ein auf beiden Seiten weiches Oberflächenbild. Baumwollflanell ist besonders weich und wärmend.

Leinen
Leinenhemden sind durch ihre hohe Luftdurchlässigkeit und die angenehmen Trageeigenschaften besonders geeignet für den Sommer.

Seide
ist ein angenehmer, luxuriöser Hemdenstoff. Shantung-Seide bezeichnet grobe Wildseide, Crêpe de Chine besteht aus gezwirnten, fein gekrumpften Seidenfäden. Vorgewaschene Seide empfiehlt sich für sportliche Hemden.

	Kragen	Manschette
Frack	Kläppchen-kragen	einfache steife Manschette
Smoking	Kläppchenkragen Umlegekragen	Doppel-manschette
Dinner-Jackett	Kläppchenkragen Umlegekragen	Doppel-manschette
Cutaway	Umlegekragen Kläppchenkragen	Doppel-manschette
Stresemann	Umlegekragen	Doppel-manschette
Stadt-/ Geschäftsanzug	Umlegekragen Kentkragen Tabkragen Klammkragen	Doppel-manschette Sportmanschette
Blazer	Umlegekragen Tabkragen Button-down Nadel-Kragen Klammkragen	Doppel-manschette Sportmanschette
Sportanzug	Umlegekragen Button-down Tabkragen Klammkragen	Sportmanschette
Sportsakko	Umlegekragen Button-down Tabkragen Klammkragen	Sportmanschette

rial	Dessin	Farbe
woll-Batist	uni, Brust-Waffelpiqué	weiß, champagner
woll-Batist	uni, Brust-Biesen verdeckte Leiste	weiß, champagner, bleu
woll-Batist	uni	bleu, champagner
woll-Batist	uni	weiß
woll-Batist	uni	weiß
woll-Batist	uni Millrayé Fil-à-fil Streifen	weiß, bleu, beige
woll-Batist woll-line	uni Fil-à-fil Millrayé Römerstreifen	weiß, bleu, beige, ochsenblut
woll-line woll-Oxford	uni, Tattersall Fil-à-fil Millrayé Streifen	weiß, blau, beige grün, ochsenblut
woll-Oxford woll-line woll-Twill	uni, Fil-à-fil Millrayé Tattersall Streifen	weiß, blau, beige, grün, ochsenblut

Wolle

Wollhemden werden aus feinen Wollkammgarn-
qualitäten gefertigt. Hochwertige Mischqualitäten
sind Wolle/Cashmere, Wolle/Seide und Wolle/
Baumwolle (Viyella). Flanellhemden werden auch
aus Wolle gefertigt.

Krawatte und Taschentuch

Krawatte

Um die Jahrhundertwende erschien ein kleines Krawatten-Brevier. Im Vorwort liest man "Dieses Büchlein ... behandelt ein Thema, das uns zum wahrsten Sinne des Wortes zum Halse heraushängt: Die Krawatte." Üblich waren damals in Deutschland noch vier Formen: Four-in-hand, Schleife, Hunting Tie und Plastron. Der heute dominierende Schlips hat seinen Siegeszug also erst in jüngster Zeit angetreten. Diese Entwicklung ist nicht zufällig, sie ergibt sich aus der Veränderung des Anzugs. Erst der moderne Anzug erfordert den Schlips.

Der Schlips genügt sich als Zierde, ein kleines aber einflußreiches Element. Mit der Wahl des falschen Schlipses können Sie dem besten Anzug die Wirkung nehmen. George Bryan Brummel, dem die Herrenkleidung viel zu verdanken hat, formuliert den auch hier gültigen Grundsatz: "Ein Zeichen, daß man sich gut kleidet, ist, wenn man nicht auffällt!"

Formen und Knoten

Kostümgeschichtlich umfaßt der Begriff "Krawatte" im Gegensatz zur Umgangssprache alle Formen der Langbinder (Schlipse) und Querbinder (Schleifen) sowie Plastrons, Halstücher und Krawattenschals. Die Schleife wird als "Königin der Krawatten" bezeichnet. Schlipse sind 140–150 cm lang und 6–11 cm breit; stärkere Extreme verlieren schnell ihre modische Gültigkeit. Die Krawatte sollte so gebunden werden, daß die Krawattenspitze in der Höhe des Hosenbundes endet.

Die Mutter aller zeitgenössischen Krawattenknoten ist der *Four-in-hand*. Ausweis seiner Eleganz ist die kleine Falte unterhalb des Knotens. Im Gegensatz zum bauchig-dreieckigen und symmetrischen *Windsor-Knoten* wirkt der *Four-in-hand* schlank und asymmetrisch. Natürlich sollten weder Schleifen noch Krawatten gebunden konfektioniert werden; beim *Plastron* mag man eine Ausnahme gestatten. Selbstverständlich können Schleifen beim Herrenausstatter vorgebunden werden; der Mann von Welt bindet sie jedoch selbst. Schleifebinden übt sich bestens am Oberschenkel oder an einer Armlehne! Halstücher oder vorgeschnittene Krawattenschals werden durch einen einfachen Knoten festgesteckt. "Ein gut gebundener Binder ist der erste ernsthafte Schritt ins Leben" (Oscar Wilde).

Zubehör

Das Binden von Krawatten und Schleifen

Four-in-hand
Knoten

Symmetrischer
einfacher
Windsor-Knoten

Symmetrischer
doppelter
Windsor-Knoten

Krawatte und Taschentuch

Das Binden von Krawatten und Schleifen

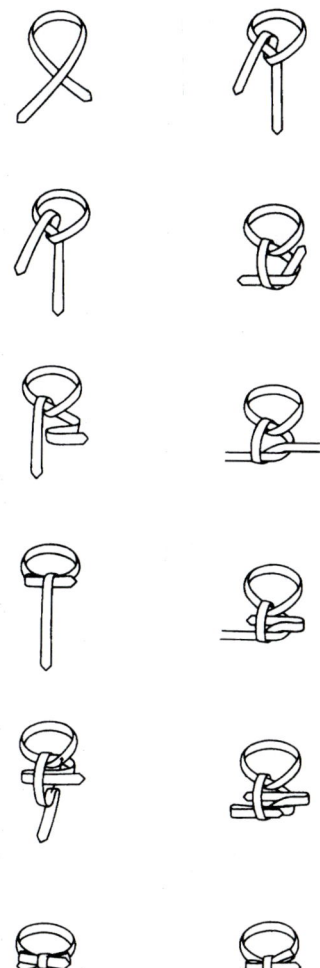

Klassische
Schleifenbindung

Eine mögliche
Variante

Stil

White Tie oder *Cravate blanche* bezeichnet die
weiße Schleife des Fracks. Mit der Bezeichnung
Black Tie oder *Cravate noire* wird auf Einladungen
ausgedrückt, daß Smoking erwünscht ist. Krawatten gilt es mannhaft zu (er)tragen. Eine gelockerte
Krawatte mit geöffnetem Hemdkragenknopf gilt immer noch als " 'degoutant' bis 'anzüglich' und auf
jeden Fall 'unmöglich' " (St. Thull). Mit dem Halstuch und der Schalkrawatte stehen dem Herrn, der
sich durch die Krawatte beengt fühlt, zwei bequeme Alternativen zur Verfügung, die sich vor allem
zur sportlichen Kombination von Hemd, Pullover
und Blouson empfehlen. Zu jedem Anlaß bietet
das Reich der Krawatte damit eine schmückende
Variante.

Fauxpas:

- Gumtwill zum Blazer oder zur offiziellen
  Kleidung
- Schwarze Schleife zum Frack
- Plastron zum Stresemann oder Umlege-
  kragen
- Krawatte zum Kläppchenkragen
- Gelockerte Krawatte mit geöffnetem
  Hemdkragenknopf

Materialien und Dessins

Krawatten aus reiner Seide sind für den an-
spruchsvollen Herrn selbstverständlich. Der Char-

me einer Seidenkrawatte wird durch keine Synthetikfaser erreicht. Holz- und Lederkrawatten sind indiskutabel. Seide ist selbstverständlicher Luxus. Seide schmückt, ist geschmeidig weich und zugleich von ausreichender Widerstandsfähigkeit, um die Krawattenform zu halten. Die Farbnuancen sanft glänzender Seide sind ohnegleichen. Interessante Materialien entstehen aus der Mischung von Seide und Wolle.

Seidenrips
ist durch eine feine diagonal verlaufende Gabardine-Bindung mit stark strukturierter Oberfläche gekennzeichnet, die nicht bedruckt wird. Seidenrips wird für geschmackvolle Unis verwendet: Schwarz für die Trauer, silbergrau für fröhliche Anlässe; alle Farben des Regenbogens für Freizeit und Beruf. Muster werden bei Seidenrips-Krawatten immer gewebt. Typische Blazerkrawatten sind die Regimentsstreifen (Regimental stripes) und Wappenkrawatten (Heraldics). Sportclubs, Regimenter, Internate und Universitäten pflegen ihre eigenen Farben und Symbole. Detaillierte Informationen finden sich in: The Book of Public School Old Boys, University, Navy, Army, Air Force & Club ties. Der Ursprung der Club ties geht auf den Cricket-Club I Zangari in Cambridge zurück, der 1845 als erster Sportverein alle Mitglieder mit einer bunten Krawatte ausstattete. Das schottische Familiennamensregister gibt Auskunft über die Farben der Clans und ihrer Karomusterungen.

Crêpe de Chine
aus fein gezwirntem Seidenfaden empfiehlt sich für leicht transparent anmutende, hochelegante Krawatten. Dieser feine Seidenstoff eignet sich

Stiltabelle	Form	Farbe
Frack	Schleife	weiß
Smoking Dinner-Jackett	Schleife	schwarz, mitternachts-blau, weinrot, silbergrau
Cutaway	Plastron zum Klappenkragen; Krawatte zum Umlegekragen	silber, grau silbergrau, schwarz (Traue
Stresemann	Krawatte	silbergrau, schwarz (Traue
Schwarzer Anzug	Krawatte, Schleife	silbergrau, schwarz (Traue
Halboffizi-eller Anzug	Krawatte, Schleife	schwarz- oder blaugrundig
Stadt-/Ge-schäftsanzug	Krawatte, Schleife	je farbiger destc sportlicher
Blazer	Krawatte, Schleife	Regiments-, Clubfarben
Sportanzug Sportsakko, Blouson, Pullover	Krawatte, Schleife, Schalkrawatte	erdfarbene Maddertöne, bordeaux, duenkelgrün, dunkelblau, harmonische Abstimmung mit Hemd, Sakk(

aterial	Dessin
iqué	uni
eide	uni, Ton in Ton,
eide	uni, dezent gemustert
eide	uni, dezent gemustert
eide	uni, dezent gemustert
Crêpe de Chine, eidenrips	uni, dezent gemustert
eidenrips, Crêpe de Chine, Mogador	uni, dezent gemustert
Seidenrips, Crêpe de Chine, Mogadot, Gumtwill	uni, elegante Musterungen, Streifen Paisleys
Seidenrips, Mogador Irish Popeline, Wolle	Clubstreifen, Regimentals, Heraldics, Blazermotive
Seidenrips, Irish Popeline, Gumtwill, Wollkrawatten, Strickkrawatten,	uni, Streifen Paisleys, diverse Musterungen

nicht für gewebte Muster. Die qualitätsvollen Stoffe werden bedruckt oder uni zu feinem Mohair oder Flanell getragen.

Gumtwill

ist ein Twillgewebe aus reiner Seide und zeichnet sich durch besonders feinen Griff aus. Die Oberfläche ist weitaus feiner als bei Seidenrips-Krawatten. Die Musterungen seidener Gumtwill-Krawatten werden ebenfalls gedruckt. Besonders edel ist das Ancient-Madder-Verfahren. Die Madder-Wurzel gibt einer der ältesten Methoden des Stoffärbens ihren Namen, denn aus ihr wird der rote Farbstoff gewonnen. Heute wird er auf künstlichem Wege hergestellt. Unter Zugabe von Salzen werden die wunderschönen Maddertöne erzielt: rot, kastanienbraun, schokolade und terracotta. Die Paisley-Muster (Kaschmir-Muster) der Gumtwill-Krawatten sind orientalischen Ursprungs. Dieses "Kommamuster" erinnert an die Handballen der Menschen, die ursprünglich im indischen Kaschmir-Gebiet Seidenstoffe mit ihren Händen bedruckt haben. In der britischen Kleinstadt Paisley wird dieses orientalische Fruchtbarkeitssymbol kopiert, als die Stoffe aufgrund eines Handelsboykottes nicht mehr aus Indien zu importieren sind. Gumtwill-Krawatten werden gern zum sportlichen Sakko getragen und verbieten sich für offizielle Anlässe.

Wollkrawatten

werden aus reiner Schurwolle, Lambswool, Alpaka und Cashmere in unterschiedlichen Mischverhältnissen gefertigt. Aufgrund ihrer weichen Ripsbindung sind sie weicher und schmeichelnder als Seidenkrawatten. Wollkrawatten empfehlen sich zu Sakkos und Anzügen aus sportiven, groberen

Stoffen sowie Pullovern mit V-Ausschnitt. Sie eignen sich für Krawatten mit Web- oder Druckmuster.

Mogador-Krawatten
mit einer Kette aus Baumwolle und dem Schußfaden aus reiner Seide zeichnen sich trotz der Ripsbindung durch eine sehr feine, gleichmäßige Oberfläche aus. Die unifarbenen oder gestreiften Mogador-Krawatten brillieren mit einem matten Glanz. Sie werden bevorzugt zu feinen Anzugoder Sakkostoffen getragen, sind jedoch universell kombinierbar.

Irish-Popeline-Krawatten
haben eine lange Tradition. Das Edikt von Nantes veranlaßt im Jahre 1683 französische Hugenotten, zumeist Seidenweber aus Avignon, Lyon und Tours, nach Irland auszuwandern. In Avignon, dem Papstsitz zur Zeit des Schismas, werden im Auftrag des Papstes besondere Seidenstoffe, genannt "Popeline" (franz.: "pape", engl.: "pope"), gewebt. In Irland nehmen die französischen Auswanderer die Produktion des Seidenstoffes Popeline wieder auf. Irish Popeline wird in einem Verhältnis von 50 % Wolle zu 50 % Seide gemischt und aufwendig gewebt. Auf dem Webstuhl bilden die seidenen Kettfäden die Oberfläche des Irish Popeline-Gewebes, das bereits im ungewebten Zustand das spätere Muster zeigt. Der achtmal dickere Schußfaden aus Kammgarn wird nun in Form der Leinwandbildung durch die Kettfäden geschossen. Aufgrund der Dicke des Wollfadens entsteht der Köpercharakter des Irish Popelines. Technisch gesehen ist es jedoch eine Leinwandbindung. Dieser aufwendige technische Webvorgang macht Irish Popeline kostbarer als reine Seidengewebe! Die Oberfläche des vor- und rücksei-

tig gleichen Materials besteht aus reiner Seide, die Wolle als Schußfaden bildet das innere Gerüst des Irish Popelines. Die Wolle nimmt der Seide die leichte Kräuselempfindlichkeit und verleiht dem Gewebe zusätzliche Festigkeit. Bei Trockenheit kräuselt Irish Popeline geringer als reine Seide. Da Seide und Wolle unterschiedlich auf Wasser reagieren, ist Irish Popeline wasserempfindlich.

Strickkrawatten
aus Seide, Wolle oder Alpaka setzen einen sportlichen Akzent. Strickkrawatten werden zumeist uni getragen, Streifen- und Tupfenmusterungen sind möglich. Selbstgehäkelte Schlipse sind seit den frühen 60er Jahren nicht mehr üblich.

Taschentuch

Der Wert eines Taschentuches läßt sich erst richtig erkennen, wenn es im entscheidenen Moment fehlt. Sein Nutzen erklärt sich aus der Funktion, eher unangenehme Dinge aufzunehmen und verschwinden zu lassen. Wie kann nun ein Stück Stoff, das man als persönlichen Putzlappen bezeichnen könnte, in die äußere Brusttasche eines Anzuges gelangen? Mehr noch, läßt man es in der Hosentasche tunlichst vollständig verschwinden, wird es in der Brusttasche präsentiert. Das Taschentuch erfüllt hier seine ursprüngliche Aufgabe, der es auch seine Entstehung verdankt: Es fungiert als prestigereiches Zierobjekt. Die Geschichte des Taschentuches in Europa führt uns nicht in den Bereich der Hygiene, sondern des Sozialprestiges. Das Taschentuch eroberte seinen Platz, ähnlich wie heute teure Uhren, als Symbol von Macht und Einfluß, als Mittel der Distanzierung gegenüber weniger feinen Gesellschaftsschichten.

Erst im vorigen Jahrhundert beginnt das Taschentuch reales Putztuch zu werden. Dies stellt den wahren Gentleman vor eine diffizile Frage. Führe ich zwei Taschentücher mit mir, ein funktionsloses Ziertuch und eins für die Hygiene? Nach Hardy Amies, einem berühmten englischen Schneider, ist die Antwort eindeutig. Selbstverständlich kann es nur eins geben. Nicht jeder wird dem englischen Kenner hier folgen wollen. Eins bleibt unbestritten: Stilvolle Kleidung darf nicht gekünstelt aussehen. Auch das Ziertaschentuch führt sich selbst ad absurdum, wenn es aussieht, als käme es frisch aus der Bügelstube. Bei einem Gentleman sieht nichts wie neu aus, selbstverständlich auch nicht das Taschentuch. Ordentlich schon, aber – zumindest ein wenig – wie benutzt.

Das Einstecktuch wird in die Brusttasche des Sakkos oder Mantels gesteckt und kommt in der 2. Hälfte des 19. Jahrhunderts mit dem Sakko auf, das eine linksseitige Brusttasche hat. Seit den 30er Jahren wird auch der Frack mit Brusttasche gearbeitet und bietet somit Platz für ein entsprechendes weißes Einstecktuch.

Auch im heutigen Zeitalter des funktionellen Papiertaschentuchs bleibt die symbolische und stilistische Bedeutung des Taschentuchs für alle Gelegenheiten erhalten.

Stil

Das Einstecktuch wertet die Kleidung jedes Herrn grundsätzlich auf. Der Gentleman weiß genau, daß er damit auf einfache Weise sein Kleidungsniveau anlaßgerecht anheben kann.
"To elevate his level of style" nennen es die Engländer. Das Einstecktuch komplettiert die korrekte Kleidung des Herrn, vom Hausmantel bis zum Cutaway.

Anlaß	Farbe	Dessin	Material	Faltung (Einstecktuch)
Frack	weiß	uni	Seide Baumwolle Leinen	Dreiecksfaltung Kronenfaltung
Smoking	weiß, blau, champagner	uni (Satinstr.)	Seide Baumwolle	Dreiecksfaltung Kronenfaltung
Dinner-Jackett	(der Hemdfarbe entsprechend)	uni	Leinen	
Cutaway	weiß	uni (Satinstr.)	Seide Baumwolle	Dreiecksfaltung
Stresemann	weiß	uni (Satinstr.)	Leinen	Kronenfaltung
Offizieller Mantel	weiß	uni (Satinstr.)	Seide Baumwolle Leinen	Dreiecksfaltung Kronenfaltung
Halboffizieller Anzug/Mantel	weiß blau pastell	uni (Satinstr.)	Seide Baumwolle Leinen	Dreiecksfaltung Kronenfaltung Puffaltung/ Bauschfaltung
Stadt-/ Geschäftsanzug	weiß blau	uni Satinstr.	Leinen Baumwolle, Seide	Dreiecksfaltung Puffaltung
Mantel	pastell	farbige Streifen	Schottenkaros	Bauschfaltung Amerikanische Faltung
Blazer/Mantel	weiß blau pastell	uni Streifen farbige Streifen buntfarbig	Leinen Baumwolle, Seide Schottenkaros	Bauschfaltung Puffaltung Amerikanische Faltung Kronenfaltung
Sportanzug/ Sportsakko	weiß blau pastell	uni Streifen Karos	Leinen Baumwolle Seide	Bauschfaltung Puffaltung Amerikanische Faltung
Hausmantel/ Hausjacke	weiß blau pastell buntfarbig	uni Streifen Karos Paisley	Leinen Baumwolle Seide	Bauschfaltung Puffaltung Amerikanische Faltung

Formen

Taschentuch (Mouchoir)
"Quadratisch, praktisch, gut" gilt seit jeher für das Taschentuch. Dabei sind beim gebräuchlichen Herrentuch 40 x 40 cm bis 49 x 49 cm die empfehlenswerte Bandbreite.

Einstecktuch (Pochette)

Damit das Schmucktuch in der Brusttasche nicht zu dick aufträgt, empfiehlt sich ein quadratisches Maß von 20 x 20 bis 40 x 40 cm. Als Accessoire wertet es jedes Kleidungsensemble stilistisch auf.

Es empfehlen sich folgende Varianten, das Einstecktuch kunstvoll zu falten:

1. *Amerikanische Faltung*:

   Glatte Kanten, die bis zu 2 cm parallel zum oberen Rand der Brustleistentasche zu sehen sind; für alle Materialien, besonders für Businessanlässe geeignet.

2. *Kronenfaltung*:

   Mit zwei, drei oder mehreren Spitzen; für Leinen und Baumwolle so diagonal zu falten, daß die Spitzen nicht zu pedantisch übereinanderliegen.

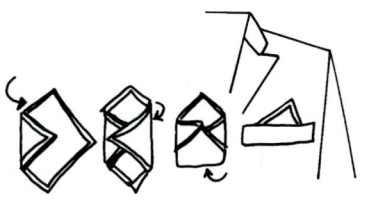

3. *Dreiecksfaltung*:
   Die eleganteste Variante für Gesellschaftskleidung; geeignet für alle Materialien.

4. *Puffaltung*:
   Bausch nach innen, Spitzen locker nach außen;
   für Sport und Businessanlässe, insbesondere
   für Seidentücher geeignet.

5. *Bauschfaltung*:
   sportliche Variante, besonders für Seidentücher. Der Bausch sollte nicht zu weit heraus-
   hängen.

Farben und Dessins

Unis

Weiß ist die perfekte Taschentuchfarbe. Weiße Taschentücher sind vielseitig kombinierbar und in ihrer schlichten Eleganz universell zu verwenden. Zur Gesellschaftskleidung ist das weiße Tuch ein Muß, zu geschäftlichen Anlässen empfehlen sich auch blaue und pastellfarbene Taschentücher mit betonter (Satin-)Kante.

Kanten

1- oder 2farbige Kanten auf meist weißem Grund sind für klassische Herrentaschentücher typisch. Die umlaufenden Kanten betonen das Tuch in dezenter Weise.

Karos

Die klassische Variante für sportliche Anlässe: buntgewebte Schottenkaros und dunkelgrundige Tücher mit feinen Streifenkaros, ggfs. mit einer Atlaskante in intensiven Kontrastfarben.

Wichtig ist ein Farbkontrast zwischen Anzug und Einstecktuch. Das Taschentuch empfiehlt sich möglichst in der Grundfarbe des Hemdes, bei Streifenhemden in der Farbe des helleren Hemdenstreifens. Das Einstecktuch orientiert sich an den Farben und Mustern des Hemdes, der Krawatte und des Anzuges und sollte zu einer kontrastreichen, farblichen Harmonie führen. Es kann mit der Hemdenstoffarbe identisch sein oder dem Krawattendesign nahe kommen. Keinesweg muß es jedoch dem Krawattenstoff entstammen. Es besteht jedoch auch kein Grund, Einstecktücher aus dem Krawattenstoff als Fauxpas abzulehnen.

Monogramme
Dezent gestickte persönliche Monogramme, heute vielfach ein kleines Statussymbol, dienen ursprünglich der Eigentumskennzeichnung und werden nicht offensichtlich nach außen gezeigt.

Materialien

Baumwolle
ist die gebräuchlichste Tuch-Qualität: superfein, gekämmt und durch die angenehmen, saugfähigen Eigenschaften der Naturfaser ausgezeichnet. 200 m gezwirntes Baumwollgarn wiegen nur ca. 1 Gramm.

Seide
wird heute weniger als Taschen-, denn als Einstecktuch verarbeitet. Das feine Gewebe ist offensichtlich zu wenig saugfähig. Für die Bauschfaltung des Einstecktuches ist Seide am besten geeignet.

Leinen
Das feine Material aus den Stengeln der Flachspflanzen hat eine körnige Gewebestruktur und charakteristische Garnverdickungen. Für Herrentaschentücher das 'non plus ultra'.

Halbleinen
Als Halbleinen bezeichnet man ein Baumwoll-Leinen-Gemisch. Es ist hautsympathisch, unempfindlich und hochwertig.

Batist
ist ein hochfeines, leicht durchscheinendes Leinwandgewebe aus hochwertigen Garnen (Leinen- oder Baumwollqualitäten). Feinster Mako-Batist

(Schweizer Batist) ist eine besondere Qualität aus langstapeliger ägyptischer Baumwolle.

Schuhe und Strümpfe

Schuhe

Im Sortiment eines Bekleidungsgeschäftes fehlen üblicherweise Schuhe. Gute Herrenausstatter führen sie. Sie handeln wohl überlegt. Ein guter Schuh ist die Grundlage guter Bekleidung, er stellt das "Fundament" dar. Die Fachleute sind sich einig: Der Schuh bestimmt mehr als jedes andere "Element" die Gesamterscheinung. Ein amerikanischer Fachmann schrieb: "Want to know if a fellow is welldressed? Simply look down."– Auf die Schuhe.

Wie immer man sich hierzu stellt, aus purem Egoismus empfiehlt es sich, gute Schuhe zu kaufen. Mit schlechten Schuhen kann man sich ernsthaft Schaden zufügen. "Verletzungen" mehr oder weniger wichtiger Fragen der Etikette dürften leichter zu ertragen sein.

Der menschliche Fuß erweist sich bei näherer Betrachtung als ein komplexer Teil des Körpers. Mehr als 20 Knochen ermöglichen uns einfach und sicher den aufrechten Gang. Die Belastungen sind vielfältig. Der Fuß muß einen enormen Druck aushalten. Die Strecken, die der gehfaule Zeitgenosse hinter sich bringt, sind noch immer beachtlich.

Die Empfehlung bei Schuhen nicht zu sparen, erweist sich als wohl begründet. Ihr wird jedoch kaum gefolgt. Noch immer geben viele Männer mehr Geld für Aluminiumfelgen ihres Autos aus, als für ihre Schuhe. Dem Hinweis von Hardy Amies, einem bekannten englischen Schneider, bei den Schuhen auf keinen Fall zu sparen, ließe sich durch die Umschichtung im Budget durchaus folgen. Ob man seiner Empfehlung folgen muß, nur Maßschuhe seien eine angemessene Fußbekleidung, steht auf einem anderen Blatt. Für den kühlen Rechner erweist sich die vergleichsweise hohe Anfangsinvestition von einigen Tausend Mark langfristig als durchaus erwägenswert. Auf jeden Fall haben Maßschuhe im Gegensatz zu Maßanzügen und Maßhemden einen konkreten gesundheitlichen Nutzen.

Verarbeitung

Ein guter Schuh ist "rahmengenäht". Dies unterscheidet ihn von den üblichen im Handel erhältlichen maschinell gefertigten Schuhen.

Rahmengenäht bedeutet: Der Schaft wird sorgfältig an die Lederbrandsohle angenäht; auf das übliche Stahlgelenk im Schuh wird deshalb von manchen Schuhmachern verzichtet. Die Schuhe sind zumeist vom ersten Tragen an bequem und müssen nicht erst eingelaufen werden. Der Fuß kann natürlich abrollen, Fuß- und Beinmuskeln werden beim Gehen richtig trainiert und entspannt.

Die Lederlaufsohlen werden mit Eichenlohe gegerbt, einer langwierigen, intensiven und höchsten Qualitätsansprüchen gerecht werdenden Gerbart. Vorteil: geringer Verschleiß und lange Lebensdauer.

Unter dieser Lederbrandsohle ist der Schuh auf ganzer Länge mit Kork ausgeballt. Der Fuß kann sich so im Laufe der Zeit sein eigenes Fußbett formen, außerdem wirkt die Korkschicht temperaturausgleichend.

Edle Schuhe werden mit hochwertigem Wasser-
schweinsleder gefüttert und der Anatomie des Fu-
ßes bestens angepaßt. Das garantiert einen hohen Tragekomfort und lange Haltbarkeit.

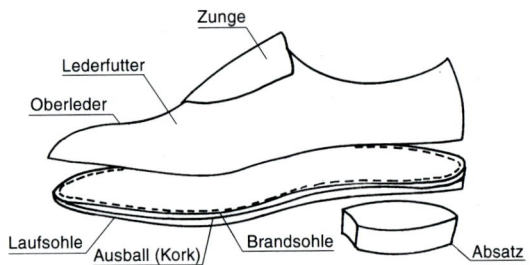

Form

Offizieller Schuh

Der offizielle Schuh ist traditionsgemäß schlicht
schwarz, völlig ohne Ziernähte oder Lochungen.
Die klassischen formellen Schuhe sind Slipper und
Schnürschuhe aus feinem, poliertem Kalbsleder
oder Lack und der Lack-Pump.

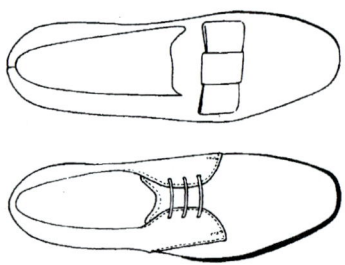

Der Lack-Pump taucht als reiner Herrenschuh zuerst in den Ballsälen der feinen Pariser Gesellschaft des 19. Jahrhunderts auf. Erst zu Beginn
des 20. Jahrhunderts wird der Pump zu einem
klassischen Damenschuh.

Oxford-Schuh

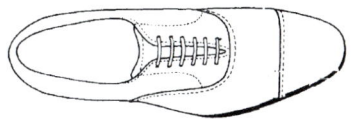

Heute ist der Oxford die klassische Ergänzung
zum offiziellen Geschäftsanzug. Das ist nicht immer so gewesen. Noch im 19. Jahrhundert trägt
der Herr von Welt hohe oder halbhohe Stiefel –
und zwar winters wie sommers. Die rebellischen
Studenten des Oxford College sind die ersten,
die meinen, daß solch eine Schuhbekleidung nicht
mehr zu ihrem Stil passe und verwirklichen ihren eigenen Schuhgeschmack: Einen tief ausge-
schnittenen, geschnürten Halbschuh. Zu Beginn
als skandalös verdammt, setzt sich der 'Oxford-
Schuh' um 1860 als Sommerschuh durch. Wage-
mutige tragen ihn sogar im Winter, wenn auch mit
einer praktischen und stilvollen Gamasche.

Erst in den frühen zwanziger Jahren unseres Jahrhunderts kommen dick besohlte Oxford-Schuhe
mit Schutzrändern in Mode, die auch schlech-
tem Wetter trotzen. Seitdem ist der klassische,
schlichte Oxford-Schuh aus keiner Herrenausstat-
tung mehr wegzudenken.

Wing-Tip

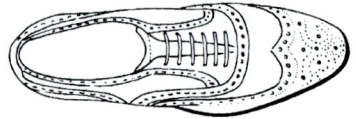

Der Wing-Tip besticht nicht durch elegante Schlichtheit, sondern ist durch viele kleine aufwendige Dekorationen gekennzeichnet. Typisch sind die wie ein Flügelschlag (Wing-Tip) geschwungenen Nähte an der Schuhspitze und die dekorativen Lochmusterungen.

Der Wing-Tip ist heute ein typischer Business-Schuh und das, obwohl seine Ursprünge bei den Damen der viktorianischen Zeit liegen, die mit Vorliebe Filzschuhe trugen, auf deren Spitze zur Verstärkung geschwungene Lederkappen genäht waren.

Brogue

Auch der Brogue zählt mit seiner geschwungenen Flügelkappe zu den Wing-Tips. Seine Entstehungsgeschichte führt zu Königin Viktoria selbst: Nach dem Kauf des Schlosses Balmoral im Jahre 1852 entwickelt sie eine Vorliebe für lange Spaziergänge durch das rauhe Schottland. Große schwere Schuhe mit doppelt gearbeiteten Nähten, die schottischen Brogues, entstehen daraus. Etwa um 1905 wird in England eine 'verstädterte' Version der Brogues mit kleinen Loch-Ornamenten populär.

Heute unterscheidet man Full-Brogues und Half-Brogues. Beim ganzperforierten Full-Brogue laufen die gelochten Ziernähte durchgehend in einem Stück von der Fußkappe bis zur Ferse. Beim halb-

perforierten Half-Brogue treffen die Ziernähte etwa in Höhe der Schnürung auf die Sohle. Half-
Brogues sind also nur vorne und nicht auch hinten
perforiert.

Derby

Der Derby ist sportlicher als der Oxford. Die beiden
Seitenteile (Quartiere) liegen über dem Blatt. Die
Seitennähte verlaufen beim Derby geschwungen.

Budapester

Heute wird allgemein jeder Herrenschuh mit einer
ornamentalen Lochmuster-Verzierung Budapester
genannt. Dies ist aber nur bedingt richtig, denn
der klassische Budapester unterscheidet sich von
anderen Herrenschuhen mit gelochten Ziernähten
wie Full-Brogue oder Half-Brogue durch die höhe-
re Zehenkappe und die breitere Leistenform. Der
Budapester kommt – wie der Name schon sagt –
ursprünglich aus Ungarn und hat seinen Weg im
18. und 19. Jahrhundert über Wien bis ins Zen-
trum der klassischen Schuhmode, nach England,
gefunden.

Farbe

Die Farbskala für den klassischen Herrenschuh reicht von schwarz über braun zu bordeaux. Zur Freizeitkleidung paßt auch ein blauer Schuh.

Zweifarbige Schuhe (schwarz-weiß, blau-weiß, braun-weiß) sind ebenso sportlichen Anlässen (z. B. Golf) vorbehalten wie Schuhe aus Leder und Textil (Glencheck, Schottenkaros).

Fauxpas:
Zweifarbige Schuhe für Business-Anlässe

In jedem Fall ist am Abend ein schwarzer Schuh die richtige Wahl. Die Grundregel für den englischen Gentleman lautet: "Never wear brown after six".

Materialien

Kalbsleder (Boxcalf)
Kalbsleder ist die allgemein am häufigsten verwendete Lederqualität. Es zeichnet sich durch hohe Widerstandsfähigkeit selbst bei sehr geringen Stärken aus. Die weichste und leichteste Qualität gewinnt man aus den Häuten europäischer Kälber aus den Alpenregionen. Sie werden mit natürlichen, sorgfältigen Gerb- oder Färbemethoden bearbeitet.

Ziegenleder (Chevrau)
Ziegenleder ist weitaus feiner, leichter und dünn-

häutiger als Kalbsleder. Es bekommt jedoch schnell Gebrauchsfalten und bricht leichter.

Peccary
Peccary ist das Leder von freilebenden Wasserschweinen. Dieses Leder ist weich, anschmiegsam und atmungsaktiv. Die besten Peccaryqualitäten kommen aus Südamerika.

Hirschleder
Dieses Leder wird aus der Haut wildlebender Tiere gewonnen. Es ist besonders weich, griffig, strapazierfähig, flexibel und hat eine ausgeprägte Körnung: Eigenschaften, die auch im Laufe der Zeit erhalten bleiben.

Cordovan (Pferdeleder)
Cordovan gehört zu den wertvollsten Lederarten überhaupt – darum werden aus Cordovan nur wenige klassische Schuhmodelle gefertigt. Cordovan ist ein volles, geschmeidiges Leder aus dem Hinterlauf des Pferdes.

Lackleder
Lackleder ist zumeist ein Kalbsleder, das mit einer glänzenden Lackschicht überzogen wird. Früher benutzte man dazu eine Leinöl-Mischung, heute verarbeitet man einen Kunststofflack.

Känguruhleder
Känguruhleder ist feiner und weicher als Kalbsleder, trotzdem widerstandsfähiger, jedoch faltiger.

Veloursleder (Rauhleder)
Veloursleder wird irreführenderweise oft als 'Wildleder' bezeichnet. Unter Wildleder versteht der Fachmann jedoch Leder aus den Häuten wildlebender Tiere wie Hirsch, Elch, Büffel usw.

Form	Typ	Material
Formeller Schuh	Pump	Lackleder
	Schnürschuh Slipper	Lackleder
	Schnürschuh Slipper	Lackleder
Oxford Budapester	Schnürschuh	Pferdeleder Kalbsleder Peccaryleder Hirschleder Wildleder
Monk	Schnallenschuh	Pferdeleder Kalbsleder Hirschleder
Mokassin	Penny-loafer Tassel-loafer Kiltie	Pferdeleder Kalbsleder Hirschleder
Bootsschuh	Schnürschuh	geöltes Kalbsleder

rbe	Anlaß	Kleidung
warz	Empfang (Abend), Ball, Theater	Smoking Dinner-Jackett
hwarz	Empfang, Theater, Ball	Frack Smoking Dinner-Jackett
hwarz	Empfang, Theater, Ball	Cutaway Stresemann Smoking Dinner-Jackett
hwarz rdeaux aun	Business	Businessanzüge Sakko-Kombination Blazer
hwarz rdeaux aun	Tageskleidung	Sakko-Kombination sportive Tageskleidung
chwarz rdeaux aun	sportiv	Freizeitkleidung Sakko-Kombination Blazer
arine eiß aun	Freizeit	Casualwear Wassersport

Treffender ist deshalb der Begriff Veloursleder (Rauhleder). Veloursleder entsteht, wenn die Rückseite (Fleischseite) der gegerbten Haut geschliffen wird, bis sie ein samtartiges Aussehen annimmt.

Exotenleder
Die Lederherstellung ist nicht allein auf europäische Zuchttiere beschränkt; auch aus Häuten exotischer Tiere wie Schlangen, Vogelsträuße, Eidechsen, Krokodilen, Echsen, Elefanten, Rhinozerossen und Fischen (Karpfen, Haifisch) kann man feinstes Leder für Schuhe gewinnen. Diese Ledersorten werden auch für Schuhapplikationen verwendet.

Strümpfe

Das Wichtigste ist schnell gesagt. Eine stilvolle Kleidung erfordert eine nicht zu kurze Socke. Das Blitzen der Waden sollte vermieden werden. Warum dies alles? Zahlreiche Spekulationen sind angestellt worden. Scham und Peinlichkeit wurden bemüht. Die Erklärung ist jedoch recht einfach und kann nach den Bemerkungen der Vorkapitel nicht überraschen. Die Socken entwickeln sich als "Zubehör" des Anzugs. Dieser verdankt vieles dem Reitanzug, und Reitanzüge erfordern Stiefel, und Stiefel verlangen lange Socken. Die "lange" Socke ist also ein Stück Tradition.

Farben und Dessins

Bereits 1744 formuliert Zedler in seinem Universallexikon den Grundsatz, daß die Strumpffarbe mit der des Tuches harmonieren sollte. "Meergrüne, kirschbraune, purpurrote und umbrafarbene" Strümpfe werden empfohlen. Grundsätzlich sollte der Strumpf dunkler als die Hose sein. Je offizieller der Anlaß, desto dunkler die Socke.

Fauxpas:

- Weiße Strümpfe zu beruflichen oder offiziellen Anläßen
- "Blitzende" Waden

Mit einem Strumpf in klassischem Schwarz ist der Herr immer gut gekleidet. Einen groben Fauxpas stellt der weiße Strumpf dar: Er bleibt ausschließlich Ärzten und Sportlern im Training vorbehalten. Für Freizeit und weniger offizielle Businessanlässe sind auch originell gemusterte Strümpfe geeignet. Dies muß jedoch nicht so weit gehen wie beim berühmten Maler David Hockney, der stets zwei verschiedenfarbige Strümpfe trug.

Eines der wohl bekanntesten Dessins ist das Argyle-Karo; ein traditionsreiches schottisches Muster mit typischer Diamantform, ursprünglich aus Kilt-Stoffen quer geschnitten.

Formen und Rippen

Entsprechend der Schaftlänge werden Kurzsokke (15 cm), Fesselsocke (29 cm), Wadenstrumpf (38 cm) und Kniestrumpf (über 50 cm) unterschieden. Socken mit kurzer Schaftlänge sind der Freizeit vorbehalten. Der Business-Alltag und offizielle Anlässe erfordern den Kniestrumpf. Selbst bei übergeschlagenen Beinen darf kein Stück Wade "blitzen".

Im Gegensatz zu den landesspezifisch unterschiedlichen Größenläufen der Schuhe ist der Größenverlauf für Socken international:

Deutsche Schuhgröße	Internationale Strumpfgröße
39 – 40	10
40,5 – 41,5	10,5
42 – 43	11
43,5 – 44,5	11,5
45 – 46	12
47 – 48	13

Bei der richtigen Paßform ist nicht nur auf die Fußgröße selbst zu achten, sondern auch auf die Wadenstärke. Bei einer breiten Wade wird ein größerer Strumpf gewählt. Nach 1 bis 2 Wäschen schrumpft der Strumpf um ca. 1/2 Größe.

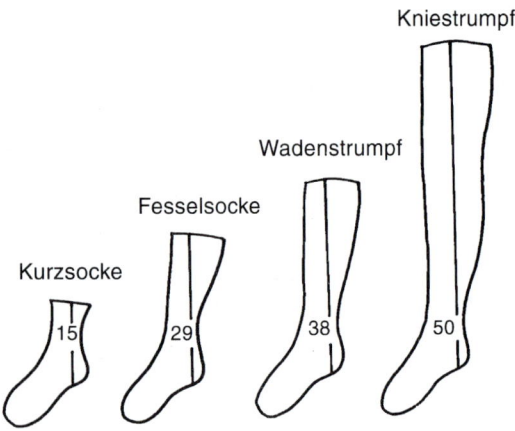

Allgemeingültig sind die 1/1 Rippe (1 hoch, 1 tief) und der klassische Rippstrumpf (4 hoch, 2 tief).

Unterwäsche

Allgemeines

Mit der Unterwäsche schützte man zunächst die teuren Gewänder vor Verschmutzungen. Die schwierige Reinigung ließ sich damit eher vermeiden. An Hygiene hat man zunächst nicht gedacht. Erst im vorigen Jahrhundert setzt sie sich allgemein durch und wird Teil der Körperpflege.

Beim Einkauf eines Anzuges sollten Sie auch an die richtige Unterwäsche denken. Allzu modisch sollte es in diesem Falle nicht zugehen.

Stil

Wann trägt der Mann welche Unterwäsche? Wozu soll sie ihm nutzen? Damit ist nach den Anlässen und Funktionen der Unterwäsche gefragt. Zunächst dient die Unterwäsche der Sauberkeit und trennt die Oberkleidung von der transpirierenden Haut. Bereits 1882 wird betont, daß Unterwäsche "nicht nur durch ihre Stoffdicke, sondern auch durch die bestehende Zwischenschicht von Luft warm(hält)". Unterwäsche hat also die Funktion des Klimaschutzes. Die luftgefüllten Zwischenräume der mehrschichtigen Kleidung dienen als Klimapolster. Das Klima sollte also die Wahl der Unterwäsche direkt beeinflussen. Unterwäsche diente nicht nur bei weiblicher Kleidung zur Formung der Figur und zur sozialen Klassifizierung des Trägers. Unterwäsche hat auch einen kommunikativen Aspekt; dieser ist nicht zuletzt ein erotischer. Welche Unterwäsche der Herr auch

trägt, so erinnere er sich doch des englischen Bon-
mots, daß die Unterwäsche eines Gentleman Würde, Charme und Einfachheit besitzen solle! – "Zei-
ge mir Deine Wäsche und ich sage Dir, wer Du
bist".

Formen

Taillenslip
Der Klassiker! Das Jockey-Original aus dem Jahre
1934 hat einen Eingriff in Y-Form (auch in X-Form
erhältlich) und reicht über die Hüften.

Hüftslip
Etwas weniger Leibhöhe und knapper geschnitten
als das Original. Mit und ohne Eingriff.

Sportslip
Die sportliche Form. Knapp und doch komfortabel in der Schnittführung. Meist ohne Eingriff, aber
auch in Y-Form.

T-Slip
Der Moderne, kleiner als der Sportslip, größer als
ein Tanga. Mit hohem Beinausschnitt, ohne Eingriff und breites Soft- oder Gürtel-Gummiband à la
Nikos.

Tanga
Klein und knapp.

Boxershort
Der Boxring prägt seit 60 Jahren den Namen und
das Design der Boxershorts. Diese sportliche, bequeme Hose mit weitem Bein und einem Hosen-
schlitz mit oder ohne Knöpfe ist aufwendig und
bequem geschnitten, hinten besonders geräumig

Medium/Retro

Taillenslip

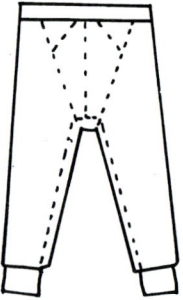

Langform
mit 1/2 Bein

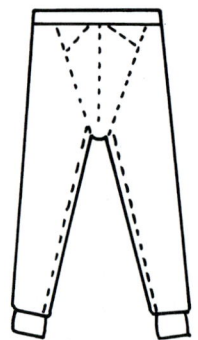

Langform
mit 3/4 Bein

Bodyshirt

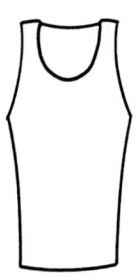

ärmelloses Hemd

("reichliches Bassin") und ohne Mittelnaht. Aus Web- aber auch Trikotware.

Medium/Retro
Renaissance eines Klassikers: Hüftslip mit enganliegenden 1/4 Beinen. Exakt auf die Anatomie des Mannes zugeschnitten.

Bodysuit
Durchgehender Body, der Brust, Gesäß und Beine umschließt. Mit kurzem Arm oder großzügigem Armausschnitt und engem, kurzem Bein, mit oder ohne Knopfleiste.

Langformen
Knöchellang (lange Unterhose) oder mit 1/2 Bein, als Overknee mit 3/4 Bein. Mit elastischem Abschluß und engen, an den Innenseiten verstärkten Beinen.

Unterhemden:

Hemd mit Arm
Das korrekte Unterhemd. Mit angesetztem Kurz- oder Langarm und Rundausschnitt am Hals. Das anatomisch richtig geschnittene Unterhemd ist hinten länger als vorn und an den Seiten etwas höher geschnitten ("Frackschnitt").

Ärmelloses Hemd
Bequeme Armausschnitte, hinten länger als vorn. Mit rundem Halsausschnitt oder mit Trapezausschnitt.

T-Shirt (training-shirt)
Ursprünglich das training-shirt der US-Truppen, seit den 50er Jahren auch als Oberhemd getragen, setzt sich das komfortabel geschnittene T-

Shirt mit Kurzarm und Rundhalsausschnitt auch auf dem europäischen Kontinent durch, klassisch in weiß für "drunter und drüber".

Paßform

Noch im 18. Jahrhundert strangulierten Männer ihren Körper mit drahtverstärkter Wäsche. Spätestens mit der Französischen Revolution streift auch der Mitteleuropäer diese drahtigen Fesseln ab. Da sich die lange Männerhose und das locker sitzende Herrenjacket durchsetzen, bedarf es nun nicht mehr der durch die Unterwäsche geformten Körper. Bis heute gilt als Grundregel der guten Paßform: "Kaufe Unterwäsche besser zu weit als zu knapp".

Dessins

Uni/Melange
Die klassische Wäsche-Farbe ist weiß, Unis heute in allen Farben.

Streifen
Längsstreifen sind in allen Farbkombinationen und Streifenbreiten typisch.

Karos
Für Boxershorts sind traditionelle Argyle-Karos oder moderne Karovarianten empfehlenswert.

Phantasie-Muster/Botschaften
Blumenornamente, Landkarten, Wolkenkratzer, Noten... es gibt nichts, was nicht seinen Platz auf einer Boxershort oder einem akutellen Slip fände. Die Ornamentierwut gipfelt in einem zweifelhaften

Drang, Wäsche mit unzweideutigen "Botschaften" zu bedrucken.

...nentabelle

	Page	Homme	1/2 Patron	Patron	Grand Patron	Ex. GP	S.EX. GP
europäische ...en Taille ...nkreich/Italien)	1	2	3	4	5	6	7
...ische Größen ... ...e in Inch)	29	31	33	35	37	39	41
...ts und Singlets ...stumfang in In.)	34	36	38	40	42	44	46
...erikanische Größen	XXS	XS	S	M	L	XL	XXL
...s (Taille in In.)	20/22	24/26	28/30	32/34	36/38	40/42	44/46
...ts und Singlets ...stumfang in In.)	26/28	30/32	34/36	38/40	42/44	46/48	50/52
...deurop. Größen ...derl./Deutschl.)	2	3	4	5	6	7	8

Verarbeitung

Neben erstklassigen Qualitäten des Gestricks bzw. Gewirks sind besondere Qualitätsmerkmale bei der Unterhose: absolut flache und garantiert nicht auftragende Eingriffe und Nähte (Flatlock-Naht), Gesäß und Frontbereich gedoppelt, Verstärkungen an den Innenseiten, die Verlegung der Naht aus dem Schrittbereich, feine Einfassungen des Beinausschnitts, ein Gummiband, das nicht ausleiert und vergilbt. Die Nahtstelle des Bundes wird vom Faltetikett überdeckt. Eine hohe Dichte von Kette und Schuß garantiert dauerhafte Stabilität.

Das perfekte Unterhemd zeichnet sich dadurch aus, daß die Saumnähte am Ende verriegelt und

Schulternähte und der hintere Halsausschnitt mit durchgehendem Abdeckband ganz flach verarbeitet sind.

Materialien

Leinen
ist das älteste Material für Unterwäsche überhaupt. Schon die alten Ägypter bevorzugten das aus den Stengel der Flachspflanze gewonnene Gewebe. Im viktorianischen England wird der Ausdruck 'Linnen' zum Synonym für Herrenunterwäsche.

Baumwolle
ist eine feine Naturfaser mit angenehmen Trage-Eigenschaften. Mako-Baumwolle ist eine besonders feine langstapelige ägyptische Qualität. Je langstapeliger die Rohware, desto stabiler das Garn. Vor dem Verspinnen müssen die Garne gekämmt werden. Baumwolle kann auf verschiedene Weise behandelt und verarbeitet werden.

Mercerisierte Baumwolle
wird mit ökologisch unbedenklicher Natronlauge gewaschen und dadurch besonders fest, widerstandsfähig und seidenglänzend.

Gasierte Baumwolle
Bei gasierter Baumwolle werden mit kleinen Gasflämmchen die vorstehenden Faserenden abgesengt. Der Stoff wird leichter und seidiger.

Feinripp
ist ein superfeines Gestrick aus langstapeliger, supergekämmter, meist gasierter und mercerisierter

Baumwolle in 1/1 Rippe und 15er - 22er Teilung. Feinripp ist elastisch, fein und seidenglatt.

Doppelripp
aus langstapeliger supergekämmter Baumwolle wird in 2/2 Rippe (15er - 22er Teilung) gestrickt und ist höchst elastisch, saugfähig und hautsympathisch.

Single Jersey
nennt man die feinste Ausspinnung hochwertiger Baumwolle, die zu einem federleichten Gestrick in 32er Teilung verarbeitet wird. Das ebenmäßige Maschenbild hebt die "glänzenden" Eigenschaften der gasierten und mercerisierten Baumwolle besonders hervor.

Baumwollmischgewebe
Durch einen 5%-igen Lycra-Anteil wird die Paßformbeständigkeit erhöht. Eine Viskose-Beimischung gibt Glanz und Elastizität.

Trikot
(franz. "Tricot", nordfranz. Textilort) ist eine stark dehnbare Maschenware, die sich eng an den Körper anlegt. Als Unterhemd zumeist aus Baumwolltrikot.

Seide
ist das luxuriöseste Wäschematerial. Seide überzeugt vor allem durch Glanz und kühle Trageeigenschaften.

Angora,
die heutige Gesundheitsunterwäsche aus Kaninchen- oder Ziegenangora, geht auf Dr. Gustav Jäger zurück, der um 1880 den Mann ganz in Wolle hüllen wollte. Angorawäsche emp-

fiehlt sich zum Skilaufen und bei rheumatischen Erkrankungen.

Mantel, Hut und Schirm

Mantel

Gute Kleidung will geschützt sein. Mantel, Hut und Schirm bieten sich hier an. Waren früher Hut und Schirm (Stock) unverzichtbar, so haben sie weitgehend ihre Bedeutung verloren. Der Mann kann sich also auf den Mantel konzentrieren.

Ein Mantel hat zunächst einfache Funktionen zu erfüllen. Er muß schützen, schützen vor Kälte und Näße. Da Mäntel seltener gekauft werden als Anzüge, empfehlen sich einige grundlegende Gedanken. Der Mantel sollte funktional und stilvol sein.

Formenkanon

Ob zum Sport-Sakko, Businessanzug oder Pullover – welche Mantelform auch gewählt wird, die erste und wichtigste Aufgabe jedes Mantels ist der Schutz vor Kälte und Nässe. Ob sportlicher Wettermantel oder eleganter Chesterfield – die moderne Kleidungskultur kennt zeitlose Grundtypen für die unterschiedlichen Anlässe. Sicher braucht man nicht alle Mantelformen sein eigen zu nennen – aber die Mär vom 'Allzweckmantel' gehört ins Reich der schlecht gekleideten Männer. Der anspruchsvolle Herr sollte zumindest unter zwei Mantelformen wählen können.

Für die Paßform eines Mantels gibt es einige wichtige Grundregeln: Bei der Anprobe sollen stets Jackett oder Pullover getragen werden. Nur wenn der Mantel dann noch perfekt sitzt, wird er genügend Bequemlichkeit bieten. Wichtig: Der Mantel

Mantel, Hut und Schirm

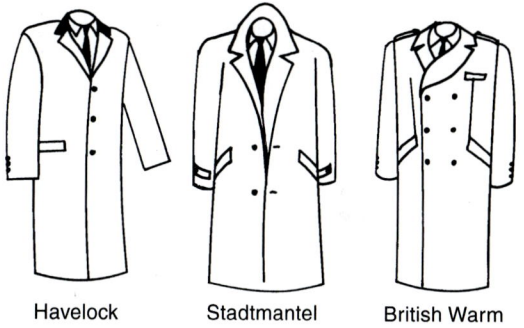

| Havelock | Stadtmantel | British Warm |

sollte, mit der Ausnahme des Kurzmantels, stets das Knie bedecken, kürzere Mäntel lassen den Körper zu gedrungen erscheinen. Über ein Mehr an Länge entscheiden hingegen zeitgenössische Einflüsse. Die Ärmel sollten Jackett und Hemdsärmel stets verdecken.

Havelock

Nach dem englischen General Sir Henry Havelock (1795–1857) wird der ärmellose, hüftlange Pelerinenmantel benannt, der heute noch, aus schwarzem Wollstoff gearbeitet, als offizieller Frackmantel getragen wird.

Der Havelock hat jedoch nicht nur als Frackmantel seine klassische Berechtigung, sondern kann darüber hinaus auch als sportlicher Lodenmantel getragen werden.

Chesterfield

Der nach dem im 19. Jahrhundert lebenden Earl of Chesterfield bezeichnete Klassiker wird sowohl einreihig als auch zweireihig, mit oder ohne Samtkragen getragen. Der einreihige Chesterfield kann mit offener oder verdeckter Knopfleiste ausgestattet werden. Die verdeckte Knopfleiste gestaltet den Chesterfield offizieller.

Dem Formenkanon der Anzüge entsprechend ist der zweireihige Mantel durch steigende, der einreihige Mantel durch fallende Revers charakterisiert. Der Chesterfield hat grundsätzlich einen Rückenschlitz.

Dieser (halb)offizielle Mantel ist mit zwei Pattentaschen und einer Brust-Leistentasche ausgestattet und besticht durch seine schlichte Eleganz.

Stadtmantel

Der Stadtmantel gleicht der Form des Abendmantels: ein schlichter Mantel, ein- oder zweireihig, offene oder verdeckte Knopfleiste, mit oder ohne Gürtel, der auf stilistische Auffälligkeiten verzichtet. Es gibt Stadtmäntel mit Slipon- oder Reverskragen, Einstück- oder Raglanärmeln.

Der bequeme Raglanschnitt ist einem Mißgeschick von Lord Fitzroy James Henry Somerset Baron Raglan (1788–1855) zu verdanken. Als er 1815 in der Schlacht von Waterloo verwundet wird, muß ihm ein Arm amputiert werden. Um diese Verstümmelung zu verbergen, läßt er den Mantelärmel schräg bis zum Kragen ansetzen. Heute ist der Raglan als Reisemantel beliebt; zumeist durchgeknöpft mit fallendem Revers und Ärmellaschen.

British Warm

Dem British Warm sieht man seine 'militärische' Vergangenheit an: zweireihige Knöpfe, leicht taillierte Form, schräge Klappentaschen und Schulterklappen erinnern noch heute an die englischen Militärmäntel der ersten Jahrzehnte dieses Jahrhunderts.

Dufflecoat

Dufflecoat ist die Bezeichnung eines gerade geschnittenen dreiviertellangen Mantels mit Kapuze aus schwerem Wollstoff. Sattelschulter, aufgesetzte Taschen und der originelle Knebelverschluß sind charakteristische Merkmale. Der Name 'Dufflecoat' stammt von einem besonders widerstandsfähigen Wollgewebe, benannt nach der belgischen Stadt Düffel.

Caban

Im Mittelalter kennt man den Gaban als knie- bzw.

hüftlangen Umhang mit Hängeärmeln, der allen Ständen als Regenmantel dient, und vom Adel pelzgefüttert oder -verbrämt getragen wird. Heute ist der Caban ein sportlicher Kurzmantel. Typisch sind zweireihige Knöpfung mit breiten Revers, betonte Taschen sowie die dunkelblaue Farbe, die einen maritimen Touch verleiht.

Farben

Auch bei den Mänteln gilt: je offizieller der Anlaß, desto dunkler die Farbe.

Bevorzugt werden grau, grün, marine, beige-braun oder schwarz. Der offizielle Herrenmantel ist uni.

Sportliche Mäntel werden häufig aus Tweed gefertigt. Die typisch 'körnige' Musterung betont den inoffiziellen Charakter. Auch die kontrastreichen schwarz-weißen Fischgratmuster oder der noppig-melierte Donegal in Erdtönen sind sehr beliebt.

Wettermäntel wie Trenchcoat oder Slipon werden traditionsgemäß in Beige-grün-braun-Tönen gefertigt. Wendemäntel besitzen häufig eine klassisch-karierte Seite.

Der typische Dufflecoat ist marine, aber auch beige oder braune Töne sind üblich.

Mantelkultur

Frackmantel (Havelock)
Anlaß: Hochoffizielle Abendveranstaltungen mit Frack.

Form
Ärmellos, einreihig durchgeknöpft, Pelerine.

Material
Schurwolle.

Farbe
Schwarz.

Accessoires
Schal: weißer Seiden- oder Cashmereschal.

Handschuhe: glatte schwarze Lederhandschuhe.

Hut: Zylinder.

Chesterfield
Anlaß: Offizielle Veranstaltungen, halboffizielle Geschäftsanlässe. *Form*
Ein- oder zweireihig, eingesetzte Ärmel, gerade Pattentaschen, Rückenschlitz, gerader oder untaillierter Rumpf. *Material*
Bevorzugt werden reines Cashmere, Cashmere/Wolle, Tuch, Alpaka, Camelhaar. *Farben*
Grau, anthrazit, marine, schwarz, einfarbig oder Ton in Ton gemustert.

Accessoires
Schal: zum Abendmantel: Cashmere oder reine Seide, weiß, uni; zum Stadtmantel: reine Seide oder Cashmere, uni oder dezent gemustert. Handschuhe: glatte, schwarze Lederhandschuhe. Hut: Eden, Homburg, Camber.

Stadtmantel
Anlaß: Halboffizielle, berufliche Anlässe.

Form
Dem Abendmantel vergleichbar, Slipon- oder Reverskragen mit Raglan- oder Einstückärmeln. Rumpf gerade oder weit geschnitten. Der Stadt-

mantel, mit und ohne Gürtel, verzichtet auf stilistische Auffälligkeiten.

Material
Bevorzugt werden: Reines Cashmere, Cashmere/
Wolle, Camelhaar, Alpaka oder dezent einfarbig
gemusterte Wollstoffe.

Farbe
Blau, grau, braun, camel, uni oder dezent gemustert.

Accessoires
Schal: Cashmere oder reine Seide, uni oder dezent gemustert.

Handschuhe: glattes Leder, schwarz oder braun.

Hut: Camber, Eden.

Wettermantel
Anlaß: Inoffizielle Anlässe, Reise und Sport.

Form
Slipon mit Raglan- oder Einstückärmeln, verdeckter Leiste oder durchgeknöpft; bequemer, wei-
ter Rumpf, Schubtaschen zum Durchgreifen, zwei
große Innentaschen, verstellbare Armspangen.

Trenchcoat, zweireihig mit Gürtel, langem Rücken-
oder Fächerschlitz, evtl. Schulterstücke, verstellbare Armschlaufen.

Wettermäntel sollen die Knie bedecken.

Material
100 % Baumwoll-Gabardine oder Baumwoll-
Popeline, garn- oder stückgefärbt.

Farben
Beige/grün, grün/beige, auch marine und schwarz.

Accessoires
Schal: Cashmere in klassischen Tartans oder ge-
strickte Wollschals mit Regimentsstreifen. Reine
Seide, uni oder gemustert, sportlicher Gumtwill.

Handschuhe: Peccary.

Dufflecoat
Anlaß: Freizeit und Sport.

Form
Gerade geschnittener Kurzmantel mit Kapuze,
Sattelschulter, aufgesetzten Taschen, Knebelver-
schlüssen.

Material
Marinetuch, Lammvelours mit gewachsenem Fell.

Farben
Marine, grau, beige, oliv, schwarz.

Accessoires
Schal: Cashmere, Schurwolle, uni oder original
schottische Tartans. Strickschals

Handschuhe: Peccary.

Materialien

Die Wahl des Materials hängt neben der Mantelform immer auch vom Anlaß ab. Mäntel aus edlen
Materialien wie Cashmere oder Vikunja sind leicht
und angenehm zu tragen, aber bei weitem nicht so
strapazierfähig wie reine Schurwolle oder Tweed.
Oft werden deshalb Fasermischungen bevorzugt.

Wolle
ist eine wertvolle Naturfaser mit angenehmen Trageeigenschaften: sie wärmt auch noch im feuchten

Zustand und wirkt durch den natürlichen Fettgehalt wasserabweisend.

Cheviot
ist Wolle von den Schafen aus dein schottischen Cheviot-Gebirge. Man erkennt sie an der voluminösen, leicht haarigen Optik. Mäntel aus Cheviot sind besonders unempfindlich und dauerhaft.

Shetland
bezeichnet einen melierten, gut gewalkten Streichgarnstoff mit stark verfilztem Faserflor aus Originalwolle von den Shetland-Inseln.

Loden
ist ein gewalkter und gerauhter Wollstoff. Ursprünglich wegen wasserabweisender und wärmender Eigenschaften besonders bei Jägern und in den Alpengebieten beliebt, ist der Lodenmantel heute ein traditionsreicher, unverwüstlicher Begleiter für den Herrn.

Tweed
Neben Loden ist auch Tweed ein rustikaler Stoff für lässige, robuste Mäntel. Tweed ist ein rauhes Gewebe, aus Wollgarnen ungleichen Querschnitts gewebt. Typische Tweeds sind melangeartig helldunkel gemustert.

Donegal
ist ein tweed-ähnlicher Stoff mit charakteristischen Noppen.

Fischgrat
Der Name beschreibt es treffend: Die feine, zickzackartige Streifenmusterung dieses rustikalen Stoffes erinnert stark an Fischgräten. Fischgrat ist leicht gewalkt und deutlich angerauht.

Baumwolle
ist eine reine Naturfaser mit angenehmen Trage-
Eigenschaften. Sie kann auf verschiedenste Weise behandelt werden: Mercerisieren führt zu dau-
erhaftem Glanz und kräftig leuchtenden Farben;
Spezialimprägnierung dagegen macht das Material wasserabweisend.

Popeline
Der Name weist auf den Ort der Entstehung hin:
Popeline wird traditionell in Avignon, der ehemali-
gen päpstlichen Residenzstadt hergestellt. Popeline ist ein feines Gewebe aus Baumwolle, Wolle oder Seide mit mehr oder weniger ausgepräg-
ter ripsartiger Struktur. Baumwoll-Popeline, mer-
cerisiert und wasserabweisend ausgerüstet, ist ein
pflegeleichtes Material für Wettermäntel.

Doubleface
ist ein voluminöses Doppelgewebe aus hochwertigem Streichgarn. Dieser Stoff mit gedoppelter
Ober- und Unterware besitzt besonders wärmen-
de Eigenschaften und eignet sich ausgezeichnet
für qualitätsvolle Wintermäntel. Ihre Form ist in
erster Linie bequem. Der Kenner schätzt sie als
Reise- und Sportmantel.

Microfaser
Microfaser-Gewebe bestehen aus chemisch hergestellten, besonders feinen Garnen. Microfasern
sind feiner als alle natürlichen, textilen Rohstoffe,
ungefähr doppelt so fein wie Seide. Sie sind atmungsaktiv, d. h., sie halten Regen und Wind ab,
lassen aber gleichzeitig den Schweiß nach außen
durch. Microfasern sind seidenweich und besonders fließend.

Anlaß	Form	Farbe
hochoffizielle Abendveranstaltungen	Frackmantel (Havelock, Pelerinenmantel)	schwarz
(halb-)offizielle Veranstaltungen	Chesterfield	schwarz, dunkelgrau, blau
Business, Tageskleidung	Stadtmantel	blau, grün, braun, beige gemustert
Reise, sportiv, inoffizielle Anlässe	Reisemantel (Sportmantel)	beige, braun, grün, blau, auch gemust
Reise, Sport, inoffizielle Anlässe	Wettermantel (Trenchcoat, Slipon)	braun, beige, grün
Sport, Freizeit	Dufflecoat (Kurzmantel mit Kapuze)	marine, grau, beige, oliv, schwarz

Material
Schurwolle
100 % Cashmere, Cashmere/Wolle, Camelhaar
100 % Cashmere, Cashmere/Wolle, Camelhaar oder einfarbige Wolle
Strapazierfähige Stoffe: Tweed, Donegal, Cheviot, Loden, Shetland
Baumwoll-Popeline, Pelz- oder Wollfutter
Marinetuch

Hutformen

Der vielfältige Formenkanon der Hutbekleidung ist aus der variantenreichen Gestaltung der Krempe, der Krone und des Schmuckbandes entstanden. Grundsätzlich gilt: je steifer der Hut, desto offizieller, je weicher, desto sportlicher.

Homburg: Um 1900 entdeckt H.R.H. Prince of Wales, der spätere König Edward VII. von England, in Bad Homburg v. d. H. diesen eleganten, steifen Herrenhut aus schwarzem oder grauem Haarfilz mit hochgerollter und eingefaßter Krempe. Zum Stresemann und schwarzen Anzug wird der Homburg selbstverständlich getragen, nach dem Zweiten Weltkrieg auch zum Smoking und Dinner-Jackett. Stilistisch rangiert er in der Skala offizieller Hüte nach dem Zylinder und Bowler, jedoch vor dem Eden und Camber.

Der *Klapprandhut* wird heute vielfach als Borsalino bezeichnet. Mit seiner geschwungenen Krempe, die vorne flach, seitlich und hinten jedoch leicht aufgebogen verläuft, geschnitten, eingefaßt oder umgelegt sein kann, bietet er zahlreiche Varianten. Die Breite der Krempe und die Höhe der Krone können individuell ausgewählt werden. Typisch ist die Triangel-Beule, der Hut ist also dreifach eingedrückt. Mit einem schwarzen oder unifarbenen Ripsband mit seitlicher Schleife kann dieser klassische Herrenhut zu allen Business-Anlässen getragen werden. Schwarz empfiehlt er sich auch zu halboffiziellen Gelegenheiten, olivgrün, dunkelgrün und tabakbraun zum sportlichen Sakko oder Anzug. Grundsätzlich gilt: je dunkler, desto offizieller.

Homburg   Klapprandhut   Ententeich

Der *Ententeich* oder *Porkpie* (engl. Schweine-
fleischpastete; österr. Reindl für Kasserolle) kenn-
zeichnet einen Herrenhut mit rundem, relativ fla-
chem Kopf und Tellerbeule (Ententeich). Die Krempe ist geschwungen, vorne flach, hinten und seitlich leicht aufgebogen und mit einer Schnittkan-
te versehen. Das schmale Ripsband ist unifarben
und mit einer seitlichen Schleife verziert. Je nach
Farbe wird der Porkpie zu allen Businessanlässen
und zum Sportsakko getragen.

Paßformen

Die Wahl eines passenden Hutes erscheint einfach, da es nur eine Größe gibt: den Kopfumfang.

	Centim.		English		USA		Points	
XS	52	53	$6\,^3/_8$	$6\,^1/_2$	$6\,^1/_2$	$6\,^5/_8$	$2\,^1/_2$	3
S	54	55	$6\,^5/_8$	$6\,^3/_4$	$6\,^3/_4$	$6\,^7/_8$	$3\,^1/_2$	4
M	56	57	$6\,^7/_8$	7	7	$7\,^1/_8$	$4\,^1/_2$	5
L	58	59	$7\,^1/_8$	$7\,^1/_4$	$7\,^1/_4$	$7\,^3/_8$	$5\,^1/_2$	6
XL	60	61	$7\,^3/_8$	$7\,^1/_2$	$7\,^1/_2$	$7\,^5/_8$	$6\,^1/_2$	7
XXL	62	63	$7\,^5/_8$	$7\,^3/_4$	$7\,^3/_4$	$7\,^7/_8$	$7\,^1/_2$	8

Der Hut sollte ohne Druck auf dem Kopf sitzen
und bei Kopfbewegungen nicht verrutschen. Der

Hut sitzt richtig, wenn man ihn auf dem Kopf kaum spürt. Durch Feuchtigkeit schrumpfen Hüte zumeist um eine halbe bis eine ganze Größe. Krempenbreite und Kronenhöhe müssen der Größe des Mannes und seines Kopfes entsprechen. Kleine Männer sollten auf weite Krempen verzichten. Die Krone darf auch für größere Männer nicht zu hoch und die Krempe nicht zu schmal sein.

Farben

Angesichts der großen Farbvielfalt klassischer Herrenhüte von olivgrün, dunkelgrün, taubengrau, tabakbraun, dunkelblau bis schwarz gilt der Grundsatz: Je dunkler desto offizieller – je farbiger und dessinierter desto sportlicher. Die Hutfarbe sollte mit dem Mantel, dem Anzug und den Schuhen harmonieren. Die Farbe muß nicht identisch sein. Ein taubengrauer Hut paßt gut zu einem blauen Mantel, insbesondere wenn der Anzug wiederum grau ist. Grüne Hüte empfehlen sich durchaus zu sandfarbenen Regen- oder Kamelhaarmänteln.

Stil

Ob Männer in geschlossenen Räumlichkeiten den Hut aufbehalten dürfen oder abnehmen sollten, ist trotz der erwähnten englischen Regel auf dem Kontinent umstritten. In christlichen Kirchen ist er grundsätzlich abzunehmen, in jüdischen Synagogen aufzusetzen. Das Abnehmen des Hutes ist eine Ehrbezeugung. Mützen und weiche Tweedhüte gelten in diesem Sinne nicht als Hut und brauchen deshalb in der Stadt nicht abgenommen und zum Gruße geschwenkt werden. Zum Gruß zieht der Herr den Hut mit der zum Grüßen abgewandten Hand, damit der Hut nicht den Blick versperrt. Zum Händeschütteln zieht der Herr mit Links den Hut und grüßt mit der rechten Hand, wobei der Hut an die Brust gehalten wird, bis der Handgruß beendet ist. Auf der Jagd wird der Hut zum Gruß nicht gezogen.

Materialien

Ursprünglich bestehen Hüte aus Wolle, der Haarhut stellt eine qualitative Veredelung der Kopfbedeckung dar. Ein Wollhut ist leichter zu imprägnieren und strapazierfähiger als der weniger feste Haarhut. Deshalb empfehlen sich Wollhüte für freizeitliche Anlässe. Für hochwertige Wollhüte wird Merinowolle verarbeitet. Haarhüte werden aus Hasen- und Kaninchenhaar produziert. Für besonders edle Hüte wählt man Biber. Vom Rücken des Wildhasen stammen Kurz- und Langvelourshüte. Beim Haarhut wird zwischen Kurz- und Langvelours unterschieden. Der Kurzvelours ist ein Trockenvelours, der in trockenem Zustand mit der Fischhaut aufgerissen und dann mit einer Schermaschine auf die entsprechende Haarlänge eingestellt wird.

Schirm

Klassischer Regenschirm

Der klassische Regenschirm besteht aus gebogenem Griff (Krücke), Stock (Schuß) und gewölbtem Dach. Besonders charakteristisch sind Griffe in Form von Enten-, Hunde- oder Pferdeköpfen aus edlem Material, wobei Elfenbein aus Gründen des Artenschutzes nicht mehr verarbeitet wird. Der klassische Herrenschirm weist bei einer Stocklänge von 93 cm einen Dachdurchmesser von 108 cm auf. Abweichend davon ist es möglich, Schirme mit einer Stocklänge von 90 cm und 96 cm herzustellen.

Freizeit

Freizeit

Geschichte

Zur Herrenkleidung gehört in englischer Tradition die Sportkleidung. Damit ist nicht die sportspezifische Garderobe gemeint. Sie entwickelt sich im selben Kontext, kann aber hier unerwähnt bleiben. Gemeint sind Dinge von etwas allgemeinerem Charakter. "Race Going Clothes" liest man etwa in einschlägigen Anzeigen. Und da in englischer Tradition der Sport einen Großteil der Freizeit ausmacht, wurde auf diesem Wege die Freizeitkleidung ganz wesentlich festgelegt. Der "formellere Teil" läßt sich ebenso wie die Berufskleidung beschreiben.

Die Freizeitkleidung ist von den gesellschaftlichen Turbulenzen weitaus stärker geprägt als die Kleidung der Berufswelt. Zwei Ereignisse lassen sich leicht erinnern.

Die Beatles und Carnaby Street schossen empor. Seitdem hat sich die Welt nachhaltig verändert. Rückblickend muß man feststellen, daß vieles sich durchaus in britischer Tradition bewegte. Dies macht ein Vergleich zu dem zweiten Eckpunkt deutlich, mit dem Aufkommen von Turnschuh und Jeans.

Spätestens mit dem PC erwarben sich diese beiden Kleidungsutensilien auch in der Berufswelt einen Platz. Ja, sie wurden zum Inbegriff einer neuen erfolgreichen zukunftsorientierten Generation von Geschäftsleuten. Die Trennung von Arbeits- und Freizeitkleidung ist aufgehoben.

Erstmals kündigte sich damals eine Entwicklung an, die von Amerika bestimmt wurde. Die amerikanische Konsumgüterindustrie löste die englischen Prinzen als Geschmacksbildner ab.

Was haben Anzughose und Jeans gemein? Alles und nichts. Die Jeans gilt als Symbol von Freiheit und Abenteuer, als Gegensatz zu den Kleidungszwängen. Daß es mit der Freiheit nicht ganz so weit her ist, läßt sich leicht an den subkulturellen Zwängen ablesen. Oft reicht die Jeans nicht mehr, sie muß zumindest ausgewaschen sein. In gewissen Kreisen wirkt sie spießig ohne schönen Riß.

Die Jeans ist ein Gegenbild zur Anzughose – und erweist sich damit von ihr abhängig. Sie wirkt ohne Bügelfalte und kann dies aber nur, weil die Anzughose eine Bügelfalte erhalten hatte. Lange Zeit war diese Falte auch in feinsten Kreisen unbekannt.

Die Nietenhose als Arbeitshose besaß selbstverständlich Hosenträger. Zur Freizeithose gewandelt, verläßt sie sich nur noch auf den Gürtel. Den Gürtel aber verdankt sie englischen Prinzen. Noch in anderer Hinsicht kann sich ihr Gegenbild nur mit fremder Hilfe entfalten. Die Jeans bedarf oft des Pullovers. Der Pullover, man mag es kaum glauben, ist eine "Erfindung" der 20er und 30er Jahre. Seine Verbreitung verdankt er dem englischen Königshaus. Er ist der Gegenpart zur Geschäftskleidung.

Verkörpert der Pullover nicht in weit aus höherem Maße Bequemlichkeit, Freiheit der Bewegung und etwas Sportsgeist als jede Hose?

Allgemeines

Vielfältig gestaltet der Mensch seine freie Zeit. Zahlreich sind die freizeitlichen Varianten der kontemplativen Muße und sportlichen Aktion: Naturerlebnisse auf Wiesen und Feldern, an Stränden und Seen; kulturelle Erlebnisse in Oper und Theater, Konzerte und Vernissagen, private Vergnügungen, ein Tee am Kamin, mit Freunden oder "en famille"; Sport auf dem Wasser, Rasen oder Schnee.

In seiner freien Zeit sucht der Mensch Zerstreuung und Vergnügen (engl.: disport, Kurzform: sport; frz.: des sports, Substantiv zu desporter – sich vergnügen; lat.: deportare – fortbringen). Vielfältig sind die Anlässe, freie Zeit zu erleben. Die Freizeitbekleidung (amerk.: sportswear) sollte dieser Vielfalt individuell entsprechen und dem jeweiligen Anlaß funktionell und stilistisch gerecht werden.

Anlässe: Clubabende (Tennis, Rudern, Golfen, Segeln), Kurkonzerte, Vernissagen, inoffizielle Besuche.

Anzüge

Blazerkombination
Der blaue Blazer ist ohne Alternative und das Kleidungsstück in allen Zweifelsfällen. Im Kanon der Freizeitbekleidung ist die Blazerkombination die 'offiziellste' Variante. Der Blazer (engl. 'to blaze' – leuchten) wurde wohl im Jahre 1837 erstmalig anläßlich einer Flottenparade für Königin Victoria von der Crew der Fregatte "HMS-Blazer" getragen. Dieser maritime Ursprung des zwei-reihigen Blazers ist vom ein-reihigen zu unterscheiden, der

vermutlich an den englischen Privatschulen geboren wurde und die Ruderer in Cambridge inspiriert hat, die Mitglieder ihres Bootsclubs mit flammend roten Blazern einzukleiden (to ablaze – in Flammen stehen).

Der Blazer verbreitet sich Anfang des Jahrhunderts von England aus schnell auf dem Kontinent und avanciert zum exklusivsten Freizeitsakko des Herrn.

Blazersakko: Form:
ein- oder zweireihig; aufgesetzte oder Pattentaschen; zweireihig mit Seitenschlitzen; einreihig mit Seiten- oder Rük- kenschlitz.

Material:
Wolltuche (Flanell, feine Kammgarn- oder Streichgarngewebe), Panama, Jersey, Leinen.

Farbe (Musterung):
marineblau, schwarz, rot, bordeaux, carnel und dunkelgrün; gestreifte Clubfarben.

Blazerhose:
semioffiziell: graue Flanellhose mit Umschlag und Bundfalten; sportlich: hellbeige (Baum)wollhose, karierte Hose sportlicher: weiße (Baum)woll- oder Leinenhose, Jeans (siehe Seite 46) am sportlichsten: beige oder weiße Bermudas.

Blazerweste: unifarben, Wollweste, Schottenkaro.

Blazeraccessoires:
Blazerknöpfe: (Edel-)Metalle (Gold, Silber, Messing), Email, Perlmutt.

Wappen: Club-, Regiments-, Schul-, Universitätsemblem (nur für aufgesetzte Brusttaschen).

Hemd: Umlege-, Tab-, Button-down-, Needle- oder Klammerkragen, Doppel- oder Sportmanschette; Baumwoll-Popeline oder Batist; Millrayé, Oxford, Fil-à-fil, Uni Römerstreifen (weiß, bleu, beige, ochsenblut).

Manschettenknöpfe: (Edel-)Metalle (Gold, Silber, Messing), Email, Perlmutt

Krawatte (Schleife, Krawattenschal): Seidenrips, Mogador, Irish Popeline, klassische Club- und Regimentsstreifen, Blazermotive, Wappen (Heraldics), Schottenstoffe.

Einstecktuch: in Material und Dessin auf Krawatte oder Hemd abgestimmt.

Strickwaren: Pullunder: V-Ausschnitt (Lambswool, Cashmere).

Socken: Wolle, Baumwolle; uni oder Argyle-Rauten.

Schuhe: siehe Sportanzug.

Hut: Klapprandhut, Porkpie (Ententeich, Boater, Canotier), Panama.

Anlässe: Reisen, Landpartien, Wald- und Parkspaziergänge, Rennbahnbesuche, High Tea, Private Croqueteinladungen, informelle Besuche.

Sportanzug
Aus dem Straßen- und Geschäftsanzug entwickelt sich Anfang des Jahrhunderts der Sportanzug für Freizeit und Reise, der heute vielfach als inoffizieller Tagesanzug getragen wird, seinen 'disportiven' Ursprung jedoch nicht verleugnen kann und sich auch heute noch in dieser klassischen Weise empfiehlt. (Abb. siehe Kapitel Anzug)

Anzugsakko: Form:
einreihig mit fallendem Revers, mit oder ohne Weste; aufgesetzte oder Pattentaschen (evtl. mit Billettasche); evtl. Lederknopflöcher oder Lederflecken am Ärmel; Rücken- oder Seitenschlitze.

Material:
Donegal Tweed, Harris Tweed, Cheviot Tweed, Shetland Tweed, Reine Schurwolle, Lambswool, Cashmere, Alpaca, Leinen, Baumwolle und Cool Wool.

Farbe (Musterung):
uni (braun, grün, beige, blau, grau); Melangen, Fischgrat, Glencheck, Hahnentritt, Pepita, Mausezahn, Karos.

Anzughose: mit Umschlag aus dem Sakkostoff.

Anzugweste: aus dem Anzugstoff; Wollweste in kräftigen Unis und Melangen; Schotten- und Tattersallkaros; Weste aus Lammvelours oder Elchleder.

Anzugaccessoires:
Hemd: Umlege-, Tab-, Button-down-, Klammerkragen mit (Doppel-) oder Sportmanschette; Baumwoll-Popeline; Oxford, Fil-à-fil, Millrayé, Tattersall, Streifen; beige, schilf, bleu, weiß, ochsenblut

Krawatte: reinseidener Rips, Irish Popeline, Gumtwill oder Wolle; Strickkrawatten. Farblich abgestimmt in Streifen oder Mustern, Paisley, Madder-Handdruck.

Einstecktuch: in Material und Dessin auf Krawatte oder Hemd abgestimmt.

Strickwaren: V-Ausschnitt, Lambswool oder Cashmere.

Socken: Wolle, uni oder Argyle-Rauten.

Schuhe: Brogues, Monks, Mokassins (braun, bordeaux, schwarz; Rauhleder),

Hut: Klapprandhut, Porkpie, Snapbrim, Sporthut, Deerstalker, Schirmmütze, Jagdhut.

Sportsakko-Kombination
Seit Anfang des Jahrhunderts entwickelt sich aus dem Anzug-Jackett der Sportsakko (oder: das; ital. 'sacco' amerik. 'sac'), dessen Dessinierung nun unabhängig von der Hose gewählt wird und eine sportlichere Note hat als der Sportanzug. Ursprünglich für die Freizeit auf dem Lande entwickelt, wird er heute auch zu inoffiziellen Businessanlässen getragen.

Form:
Einreihig mit fallendem Revers, Rücken- oder Seitenschlitzen, aufgesetzten oder Pattentaschen (mit Billettasche), evtl. Lederapplikation.

Material:
Donegal Tweed, Harris Tweed, Cheviot Tweed, Shetland Tweed, Schurwolle, Lambswool, Merinowolle.

Farbe (Musterung):
siehe Sportanzug;

Sakkohose: graue (farbig melangierte) Flanellhose mit Umschlag, strapazierfähige Kammgarne, Gabardine, Cavalray-Twill, Baumwolle, Cord oder Leinenhosen, Jeans.

Eine graue Flanellhose paßt zu jedem Sportsakko.

Fauxpas:

Hose ohne Umschlag zum Sportsakko; Sportß-sakko ohne Rücken- oder Seitenschlitze.

Sakkoweste: aus dem Sportsakkostoff, Wollweste in kräftigen Unis und Melangen; Schotten- und Tattersallkaros, Weste aus Lammvelours oder Elchleder.

Sakkoaccessoires:
Hemd: Umlege-, Klammer oder Button-down-Kragen mit Brusttasche und Sportmanschette; Oxford, Twill, Popeline; Fil-à-fil, Millrayé, uni, farblich auf Sakkostoff abgestimmt, kleingemusterte feine Hemdenkaros, Tattersallkaros, Streifen.

Ein bleues Hemd paßt zu jedem Sportsakko.

Krawatte (Schleife, Krawattenschal): Seidenrips, Gumtwill, Irish-Popeline, Mogador, Cashmere, Wolle, Strickkrawatte, Krawattenschal.

Einstecktuch: in Material und Dessin auf Krawatte und Hemd abgestimmt.

Socken: Wolle, Baumwolle; uni oder Argyle-Rauten.

Schuhe: Brogues, Monks, Mokassins (braun, bordeaux, schwarz; Rauhleder).

Hut: Klapprandhut, Snapbrim, Porkpie, Jagdhut, Deerstalker, Sportmütze, Schirmmütze, Boater (Canotier), Panamahut.

Anlässe: Wanderungen, Jagen, Treiben, Angeln, Fischen, Schmetterlingssuche, Radfahren.

Norfolk

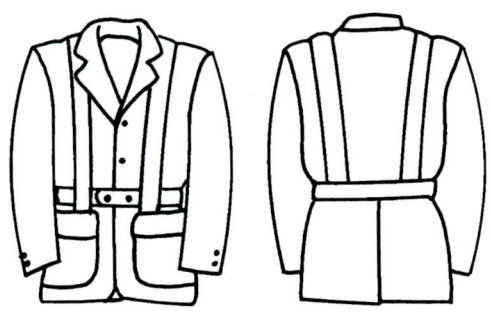

Um 1800 kam das nach einer englischen Graf-schaft benannte Norfolkjackett auf. Dies ist das sportlichste Jackett des Herrn, dessen Schnitt dem Träger große Bewegungsfreiheit verleiht.

Norfolksakko: Form:
Drei- oder Vierknopf, einreihig mit fallendem Revers, Rückenschlitz, aufgesetzte Blasebalgta-schen, aufgesteppte Gurte und Gürtel, seitliche Golffalten, Sattelschulter.

Material:
Donegal Tweed, Harris Tweed, Cheviot Tweed, Shetland Tweed.

Farbe (Musterung):
braun, grün, beige; Melangen, Fischgrat, Glen-check.

Norfolkhose: Zum Norfolksakko werden Bundho-sen, insbesondere die Knickerbocker getragen. Unter dem Pseudonym 'Dietrich Knickerbocker' schreibt der amerikanische Schriftsteller Washing-ton Erwing (1738-1859) den Roman "Humorous History of New York" (1809) mit der Hauptfigur Jansen Knickerbocker, der als einer der ersten Siedler New Yorks (New Amsterdam) aus Holland die typischen Schlumperhosen mitbringt. Diese wadenlange Kniebundhose hat einen ca. handbreiten Überfall und wird mit nach hinten verlegten Seitennähten ohne Bügelfalte aus dem Stoff des Norfolksakkos gearbeitet.

Norfolkweste: aus Sakkostoff.

Norfolkaccesoires: Hemd: Umlege-, Tab- oder Button-down-Kragen, mit Brusttasche und Sportmanschette; Oxford, Twill, seltener uni (bleu, beige, schilf, ochsenblut); Karos, insbesondere Tattersall; typischer: farbige Kleinmusterungen.

Krawatte (Schleife, Krawattenschal): siehe Sportsakko.

Strickwaren: Pullunder, V-Ausschnitt (Lambswool, Cashmere).

Socken: Knielange Norfolkgamaschen aus sandfarbenem Boxcloth oder zeitgemäßer: gemusterte oder unifarbene Wollkniestrümpe.

Schuhe: Stiefel, Brogues.

Hut: Schirmmütze, Deerstalker.

Anlässe: Golfen

Golfsakko-Kombination

Aus dem Norfolksakko entwickelt sich um 1915
das Golfsakko, welches dem Spieler die gewünschte Bewegungsfreiheit schenkt. Alternativ zum klassischen Golfsakko sind heute die
Blouson- und Lumberformen beim Golfspiel weit
verbreitet.

Golfsakko: Form:
Typisch für dieses Sportsakko sind seitlich einge-
arbeitete Golffalten (evtl. mittlere Kellerfalte; aufgesetzte oder Pattentaschen, evtl. Rückengurt).

Material:
siehe Sportsakko.

Farbe (Musterung):
siehe Sportsakko.

Golfhose: Aus den heute nicht mehr verbreiteten
Knickerbockern entwickelte sich die engere Golfhose als Kniehose ohne Überstand. Heute ist die
lange Herrenhose am verbreitetsten.

Typisch: Schottenkaros oder Francies mit Lederapplikationen für die Golfaccessoires.

Golfweste: siehe Sportsakko.

Golfsakkoaccessoires:
Hemd: siehe Sportsakko.

Krawatte: mit oder ohne (siehe Sportsakko).

Strickwaren: siehe Blouson.

Socken: Wolle, Baumwolle; uni oder Argyle-Rauten.

Schuhe: zweifarbige Fullbrogues mit Spikes.

Hut: Schirmmütze.

Anlässe: Urlaub, Wandern, (Informelles) Croquet-turnier, Radfahren, Golfen, Jagen, Angeln, Ausritte.

Hemden

Freizeithemden
Typisch für Freizeithemden sind phantasievolle Stoff- und Musterkombinationen mit offenem Kragen.

Hawaiihemd
Ein zeitloser Klassiker ist das beliebte Hawaiihemd mit seinen auffälligen floralen Motiven.

Polohemd
Das Polohemd entstammt der englischen Besatzungszeit in Indien. Die polospielenden Engländer tragen Hemden aus Trikotstoff mit kleiner Knopfleiste, kurzen Ärmeln und weichem Kragen. Heute wird das Polohemd als universelles Freizeithemd getragen.

Interlock

Polohemden, T-Shirts und auch Freizeitpullover erhalten durch diese spezielle Wirkart eine besonders hohe Elastizität. Beim Wirken verkreuzen sich die Fäden nicht wie bei Gewebtem rechtwinkelig, sondern verschlingen sich zu maschenförmigen Fadenschleifen. Gewirkte Stoffe sind dadurch dehnbar und ziehen sich immer wieder selber in Form.

Jeanshemd

Das Jeanshemd entwickelt sich zum informellen Freizeitklassiker aller Klassen. Button-down-Kragen, einfache Sportmanschetten, Doppelkappnähte und zwei geknöpfte Brusttaschen geben dem Hemd aus weichem, feinerem Baumwoll-Jeansstoff – gegenüber der Hose aus Denim – den typisch sportiven Touch.

Jacken

Blouson

Der Blouson bezeichnet seit den 50er Jahren eine hüftlange, weite Freizeitjacke.

Form:

1/2 - 3/4 lang, aufgesetzte oder eingeschnittene Taschen, Tunnelzug oder aufliegender Gürtel, integrierte oder abknöpfbare Kapuze, gefüttert oder ungefüttert, Knebelknöpfe oder Reißverschlüsse.

Material:

Leder-, Baumwollmischungen, Wachstusche, Goretex, Sympatex, Woll- oder Fellfutter, Leinen, Seide.

Farbe (Musterung):
alle Erdfarben (braun, grün, beige, melange).

An der See: marineblau, sommerliche Farben.

Fauxpas:

Neonfarben in der Landschaft

Blousonhose: Grau oder farblich melangierte Flanellhose, Cavalry Twill, schottisch karierte Hose oder Fancy-Karos, Baumwoll-Cord, Leinenhose, Jeans

Aus der Strumpfhose entwickelt sich um 1500 die Kniehose, die der erst um 1800 in Deutschland entstandenen langen Herrenhose manche funktionellen Vorteile voraus hat: Sie stört weder beim Fahrradfahren, noch wird sie bei Wanderungen naß und schmutzig. Die auffallendste Variante ist der Knickerbocker (siehe Norfolk). Verbreiteter ist die Kniebundhose ohne Überfall, die unterhalb des

Knies mit Schnüren oder Schnallen geschlossen und aus Wollstoffen, Baumwolle, Cord oder Leder gearbeitet wird. Die Breeches (engl. Kniehose), an den Oberschenkeln ballonförmig geschnitten, liegen unterhalb der Knie eng an und werden, zumeist an den Innenbeinen mit Hirsch(leder) ausgestattet. Auch die Sitzfläche kann mit Leder verstärkt sein. Die klassischen Breeches werden stets mit Reitstiefeln getragen. Gemäßigte Ballonformen können auch mit Fullbrogues zum Lumber, Blouson, Pullover und weit geschnittenen Sportsakko getragen werden.

Blousonaccessoires:
Hemd: Umlege-, Tab- oder Button-down-Kragen, mit Brusttasche und Sportmanschette; Oxford, Twill, Popeline; Fil-à-fil, Millrayé; uni, farblich auf Sakkostoff abgestimmt, kleingemusterte feine Hemdenkaros, Tattersallkaros, Römerstreifen, Blockstreifen, Jeanshemd, T-Shirt, Polohemd.

Polohemd: Das Poloshirt wurde vermutlich seit 1901 vom Maharadscha von Jodpur in Indien zum Polospiel getragen. Dieses in einem Stück geschnittene, mit kurzer Knopfleiste zum Überziehen gefertigte Hemd mit Umlegekragen und kurzen Ärmeln ist ein internationaler Klassiker. Auf dieser Grundlage entwickelt René Lacoste 1925 sein weltberühmtes Tennishemd aus Baumwoll-Piqué.

Krawatte: mit oder ohne (siehe Sportsakko).

Strickwaren: Rollkragen, Pullunder, Pullover, Westover, Strickhemd, Cardigans mit V-Ausschnitt bei Krawattenkombinationen und mit Rundausschnitt ohne Krawatte; Cashmere, Merino, Lambswool, Shetland- oder Islandwolle; (Hand)intarsien, Rauten, Zopfmuster.

T-Shirt (engl. Trainingsshirt): T-Shirts aus Baumwolltricot wurden ursprünglich von Matrosen getragen und verbreiten sich seit den 50er Jahren auch in der zivilen Welt.

Socken: Wolle, Baumwolle; uni oder Argyle-Rauten.

Schuhe: Brogues, Monk, Mokassins, Bootsschuhe, Segelschuhe

Hut: Sporthut, Deerstalker, Schirmmütze

Lumber
Nordamerikanische Holzfäller machen den Lumber (oder Lumberjack, engl. – Polsterhans, ugs. für Holzfäller) seit Anfang des Jahrhunderts als Arbeitsjacke populär. Später wird dieser in der amerikanischen Armee als Uniformjacke genutzt und seit den 30er Jahren als Ski- und Windjacke für Sport- und Freizeitaktivitäten. Der Lumber wird heute auch Blouson genannt, streng genommen ist er jedoch eine Spezialform des Blousons.

Form:
Der Lumber ist eine taillenkurze, maximal hüftlange Jacke und zumeist gestricktem Ärmel, Kragen- und Taillenbund, geknöpft oder auch mit Reißverschluß. Der Lumber ist blusenhaft geschnitten, mit aufgesetzten Taschen.

Material:
Wolle, Baumwolle, Leder, Goretex

Farben (Musterung):
marine, beige, dunkelgrün, braun, herbstliche Erd- oder fröhliche Sommerfarben

Lumberhose: siehe Blouson

Lumberaccessoires:
siehe Blousonaccessoires

Barbour Wachsjacke

Die Barbour Wachsjacke ist die wetterfeste Allround-Oberbekleidung für alle Freizeitaktivitäten. *Form:*
Von der Kurz- über die 3/4-Jacke bis zur Mangellänge bietet Barbour ein großes Formenspektrum mit aufgesetzten Taschen und Patten zum Knöpfen, Reißverschlüsse und Schließknöpfe, abknöpfbarer Kapuze, Cordkragen, Raglanarm.

Material:
Langstaplige ägyptische Baumwolle mit Wachsbeschichtung.

Farbe (Musterung):
grün, blau, mittelbraun; Schottenkaros

Hose: siehe Blousonhose

Accessoires:
siehe Blousobnaccessoires

Mäntel

Dufflecoat

Bereits im 17. Jahrhundert beziehen britische Tuchhändler aus dem belgischen Städtchen Duffle (Duffield) Stoffe, die dem von Feldmarschall Montgomery bevorzugten unverwüstlichen Mantel seinen Namen geben. Monty trägt einen bronzebeige-farbenen Dufflecoat, der an der See in marine-blau ebenso verbreitet ist wie in dunkelgrün für den Waldspaziergang.

Form:
Einreihiger, sackartiger Schnitt, wadenlang, Doppelschulter (Sattel), aufgesetzte Taschen, Knebelknöpfe aus Holz oder Horn mit Leder- oder Bastverschluß, Kapuze. Knöpfe: Ursprünglich Holzknebel und Bastschnüre. (Hornknebelknöpfe mit Lederriemen sind eine spätere luxuriöse Variante).

Farbe:
marine, dunkelgrün, bronze-beige

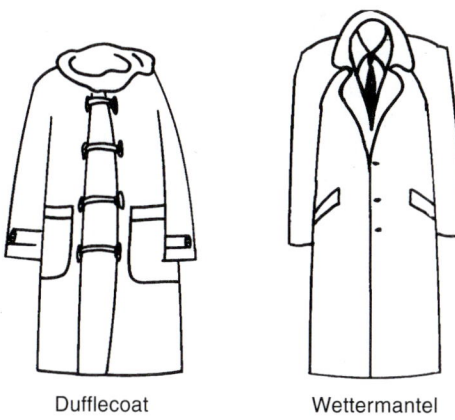

Dufflecoat   Wettermantel

Material:
Gebürstetes Woll-Schnittvelours oder leichtere Wollqualitäten

Accessoires:
siehe Blousonaccessoires

Anlässe: Sommerliche Strand- und Promenadenspaziergänge

Wettermantel
Trenchcoat und Slipon sind die idealen Allwetter-

mäntel für unsere Klimazone: wasserabweisend und wärmend begleiten sie den Herrn zu allen inoffiziellen Anlässen, auf Reisen und beim Sport. Wettermäntel können mit ausknöpfbarem Wollplaid oder Pelzfutter ausgerüstet werden.

Der Trenchcoat ist nicht erst seit Humphrey Bogart und 'Casablanca' ein echter Klassiker. Dieser praktische, unverwüstliche, zweireihige Allwettermantel ist nicht zuletzt auch durch seine Filmkarriere als typischer 'Agentenmantel' in aller Welt berühmt geworden.

Der Trenchcoat (engl. to trench – dt. graben) wird im Ersten Weltkrieg als wasserabweisender Mantel für englische Soldaten geschaffen. Die metallenen D-Ringe am Gürtel zum Einhaken der Feldflaschen und andere militärische Details wie Armspangen, Rückenkoller, Sturmlasche, geschlossene Gehfalte und Schulterstücke erinnern noch heute daran.

Fauxpas:
Mantelgürtel auf dem Rücken binden

Die einreihige Version des Wettermantels ist der Slipon. Es werden Slipons mit Raglan- oder eingesetzten Ärmeln, mit verdeckter oder durchgeknöpfter Leiste unterschieden. Slipons sind weit und bequem geschnitten. Schubtaschen zum Durchgreifen, zwei große Innentaschen und verstellbare Armspangen kennzeichnen diesen Mantel.

Reisemantel (Sportmantel)
Reise- oder Sportmäntel sind ideal für inoffizielle

Anlässe. Kennzeichnend ist der bequeme Schnitt mit Raglan- oder eingesetztem Arm und offener Knopfleiste. All diese Mäntel sind vielseitig praktisch verwendbar.

Hüte

Schirmmütze

Die *Schirmmütze* mit waagerecht abstehender vorderer Krempe unterschiedlicher Länge hat einen flachen, weich anliegenden Kopf zur Entenjagd oder zum Waldspaziergang, zum Ausritt oder Golfen. Die englische Mütze ist ein universeller Freizeitbegleiter. Einem Gesetz aus dem Jahre 1571, das alle männlichen Einwohner über sechs Jahre zum Tragen einer wollenen, in England hergestellten Kappe verpflichtete, verdankt die britische Sportmütze ihre weltweite Verbreitung als *die* freizeitliche Kopfbedeckung.

Jagdthüte

werden international gerne als 'Tiroler Hüte' bezeichnet. Im Laufe dieses Jahrhunderts haben sie den ganzen Kontinent erobert und sind auch in den angelsächsischen Ländern als freizeitliche Hutbekleidung beliebt. Ahnherr der jagdlichen Hutkultur ist der letzte österreichische Kaiser Franz-Joseph, der mit seinem aus dem Bowler entwickelten Jagdhut die weitere Entwicklung maßgeblich beeinflußte.

Kurze Hosen

Bermudas

Nach den Bermudainseln benannt, liegt der Ursprung dieser knielangen Freizeithose vermutlich bei den britischen Kolonialtruppen in Indien, die einfach ihre Hosenbeine abschnitten.

Form:
Knielange Hose mit Umschlag, mit oder ohne Bundfalte, zwei Seitentaschen und 1-2 Gesäßtaschen

Material:
Baumwolle, Leinen

Farbe (Musterung):
marineblau, beige, grün, fröhliche Sommerfarben; Karo- und Streifenmusterungen. Beige oder weiße Bermudas können als sommerliche Variante auch zum Blazer getragen werden.

Accessoires:
Hemd: siehe Blouson

Krawatte: siehe Blazer

Strickwaren: siehe Blouson

Socken: mit oder ohne

Schuhe: Bootsschuhe, Segelschuhe, Mokassins

Hut: Schirmmütze, Boater, Panama

Shorts
In den 30er Jahren im Tennissport entstanden, ist sie heute für alle Freizeitaktivitäten verbreitet.

Form:
Die Shorts ist wesentlich kürzer als die Bermudas und reicht nur bis zum Oberschenkel. Die Shorts bietet sich jedoch nicht zum Blazer an und wird nur zum Pullover, Hemd, Polo- oder T-Shirt getragen.

Material:
Baumwolle, Leinen

Farbe:
siehe Bermudas

Accessoires:
Hemd: siehe Blouson

Strickwaren: siehe Blouson

Socken: ohne

Schuhe: Bootsschuhe, Segelschuhe

Hut: Schirmmütze, Boater, Panama

Anlässe: Tennis

Schuhe

Bootsschuh

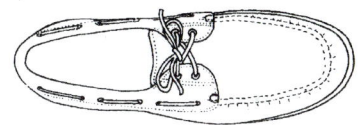

Die charakterisierten Eigenschaften des originalen Bootsschuhes sind: wasserabweisendes, geöltes Kalbsleder, rutschfeste, helle Gummisohle und typische Rohleder-Schnürung. Der Bootsschuh erfüllt immer noch die harten Bedingungen an einen Schuh, der sicheren und festen Tritt auch auf rutschigem Bootsdeck garantieren muß. Der Bootsschuh wird aber nicht mehr nur auf Booten oder Yachten getragen – heute ist er die unverwüstliche Ergänzung der Freizeitkleidung.

	Festliche Abendveranstaltung	Geschäftsreise
Kopfbedeckung	Homburg, Eden, Boater	weicher Taschenhut, britische Sportmütze, Snapbream
Mantel/Sakko	unter freiem Himmel: weißes Dinnerjackett mit steigendem Revers, mit Seide besetzt oder Schal facon, ohne Schlitz, Paspeltaschen drinnen: Smoking, einreihig, mit Seidenbesatz, ohne Schlitz, leichter Mohair, feines Tuch	Reisemantel aus Tweed, Donegal, Loden, Alpacka, in beige, braun, grün, marine oder grau, bequem geschnitten; ein- oder zweireihiger Blazer Geschäfts- und Sportanzug aus Flanell oder Tuch in gedeckteren Farben
Hemd/Weste	Smokinghemd aus Baumwolle oder reiner Seide, in weiß, hellblau, ecru, verdeckte Knopfleiste; plissierte Hemdbrust; Kummerbund oder Weste, tiefausgeschnitten, Material wie die Schleife	Baumwollhemd, uni Römerstreifen in weiß, blau, beige, Kragen nach Geschmack, Weste unifarben aus Wolle, Schottenkaros
Binder	Smokingschleife oder Einstecktuch aus Seide, in weinrot, mitternachtsblau, silbergrau, handgerollt	Schleife oder Krawattenschal aus Seidenrips, Krawatten aus Mogador, Irish Popeline, klassische Clubstreifen oder Wappen
Hose	Smokinghose, schwarz oder mitternachtsblau, mit doppelten Seidengalon, ohne Umschlag	graue Flanellhose, helle Baumwollhose, Jeans
Schuhe	schwarze Leder- oder Lackschuhe, Kniestrümpfe	Brogues, Monk, Mokassins, in braun, schwarz, bordeaux, Veloursleder

...ltereise/ ...ungsreise	Wanderurlaub/ Aktivreise	Urlaubs-/Badereise
...oprandhut, Deerstalker, ...irmmütze, Panama, ...pbream	Schirmmütze, Deerstalker	Schirmmütze, Boater, Panama
...semantel, Blazer oder ...rtsakko oder Sportan-... aus Tweed, Wolle, ...eihig mit fallendem ...vers, Rücken- oder ...enschlitz, ...tentaschen, ...oder Glencheck, Hah-...ntritt, Pepita, Karos, ...un, blau, grau, grün, ...ge	Norfolkjacke, einreihig mit aufgesetzten Blasbalg-taschen und aufgestepp-ten Gurten; Blouson mit integrierter oder abknöpf-barer Kapuze, herbstliche Töne, keine Neonfarben; Lumber; Barbour Wachs-jacke	Blazer, ein- oder zweirei-hig, mit Seiten- oder Rückenschlitzen, aufge-setzte oder Pattentaschen, aus Wolltuchen, Jersey, Leinen und Panama, marineblau, camel; Blousons aus Baumwolle oder Leinen in sommerli-chen Farben
...md aus Baumwolle, Fil-à-Fil, Millraye, ...eige, schilf, bleu, ...iß, ochsenblut, alle ...agen, Weste aus Anzug-...off, Woll- oder Leder-...ste, in kräftigen Farben	Poloshirt, T-Shirt, Hemd aus Twill mit farbigen Kleinmusterungen, Karos, Jeanshemd, Pullover, Roll-kragen, Westover, mit Rauten, Zopfmuster aus Merino oder Wolle	T-Shirts, Poloshirts, Hem-den, Pullover, aus leichter Baumwolle oder Leinen sommerliche Far-ben, uni oder gemustert, keine Krawatte bei Pull-overn mit Rundhalsaus-schnitt
...rickkrawatte aus Wolle ...er Seidenripskrawatte ...t Paisleymuster, farb-...h abgestimmt	Krawatte keine Pflicht	Krawatte keine Pflicht
...aue Flanellhose, Um-...hlaghose aus Sakkostoff, ...ans	Bundhosen, Knicker-bocker, Breeches, Jeans	Bermudas mit Umschlag und zwei Seitentaschen aus Baumwolle oder Lei-nen in sommerlichen Far-ben, auch Karo- oder Streifenmuster, weiße Bermudas zum Blazer, kurze Shorts in frischen Farben, auch gemustert
...rogues, Monk, Mokas-...ns, in braun, schwarz, ...ordeaux, Veloursleder	Stiefel, Brogues, Mokas-sins, Bootschuhe, Monk	Bootschuhe, Segelschuhe, Mokassins, mit oder ohne Strümpfe

Segelschuh

Segelschuhe sind sommerliches Schuhwerk aus fest gewebtem, atmungsfreundlichem Leinentuch mit Lederschnürung und Bootssohle. Sie eignen sich nicht nur für sportliche Aktivitäten, sondern für alle Freizeitanlässe in der warmen Jahreszeit. Segelschuhe werden zur sportiven Leinenhose oder edlen Jeans in sommerlich-klassischer Farbgebung getragen.

Mokassin

Der Mokassin ist ein leichter und strapazierfähiger Schuh. Zum Mokassin-Stil gehören auch Tasselloafer, Penny-loafer und Kiltie zählen zu den Mokassins. Den typischen Tassel-loafer erkennt man an den beiden Troddeln ('tassels'); der Schlitz auf dem Riegel des Penny-loafer nimmt den 'letzten Pfennig' auf. Erkennungsmerkmal für den Kiltie ist der Fransenschmuck (Haferl-Lasche). Die Haferl-Lasche ist nicht mit dem aus einem Stück gefertigten, seitlich geschnürten Haferl-Schuh zu verwechseln.

Von diesen drei amerikanischen Mokassintypen
ist der geschnürte norwegische zu unterscheiden,
dessen traditionelle Form auf die Lappen zurück-
geht.

Monk
Die Ursprünge des Monk gehen weit zurück bis in
das 15. Jahrhundert.

Um 1929 wird der Schnallenschuh wieder modern
und wegen seines Ursprungs Monk genannt.

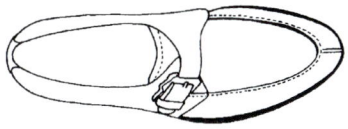

Strickwaren

Allgemeines

Erst in den 20er und 30er Jahren wird das Wort Pullover bekannt und der Pullover Teil der Herrenkleidung. Ein ärmelloser Pullover kann die Anzugsweste ersetzen, um den sportlichen Stil zu betonen.

Der Pullover darf als Inbegriff englischer Freizeitkleidung angesehen werden.

Strickarten

Rechts/Links

Die Rechts/Links-Strickart eignet sich für alle klassischen Strickwaren. Rechts/Links bedeutet, daß die erste Reihe rechts und die zweite Reihe links gestrickt wird. Optisch ergibt sich daraus eine glatte Oberfläche.

Fadenstärke

Lammwolle oder Cashmere werden in verschieden starken Qualitäten angeboten. Man unterscheidet zwischen Materialien von one ply (einfädig) bis zu eight ply (achtfädig). Selten gibt es mehrfädigere Qualitäten. Die einfädigen Qualitäten sind sehr leicht und eignen sich besonders für sommerliche Strickwaren.

Je höher die Fadenstärke des Pullovers, desto größer die Dichte und Strapazierfähigkeit. Vier- bis achtfädige Strickwaren werden fast ausschließlich zu winterlichen Strickwaren verarbeitet.

Rauten/Intarsien

Als Raute (Intarsie) wird ein auf die Spitze gestellter Rhombus bezeichnet. Rautenmuster können maschinell oder in Handarbeit hergestellt werden. Handgearbeitete Muster werden als Handintarsien (Einlegearbeiten) bezeichnet.

Fancy/Phantasie

Phantasievoll zusammengestellte Muster oder Farben werden unter dem Begriff Fancy zusammengefaßt.

Patent

Dieses Muster ist voluminöser und lockerer gestrickt. Es weist eine typische Längsrippe auf und wird hauptsächlich zu sportlichen Strickwaren verarbeitet.

Reiskorn

Feinstes schottisches, hochverzwirntes Merinogarn bildet die Grundlage für Strickwaren, deren Optik an Reiskörner erinnert. "Reiskorn"-Pullover garantieren perfekte Paßform und angenehmen Tragekomfort an warmen Tagen wie kühlen Sommerabenden.

Jersey

Im Mittelalter ist die britische Kanalinsel Jersey für ihre Strickwaren berühmt. Auch heute noch steht dieser Begriff für Schlauch- und Flachstrickwaren aus aller Herren Länder. Als Jerseys werden Pullover oder Sweater bezeichnet, die aus gestricktem Jersey bestehen.

Fully-Fashion

Diese Strickwaren erhalten bereits bei ihrer Herstellung durch Hinzugeben oder Abnehmen von Maschen ihre angepaßte Form. Da die Ware nicht geschnitten wird, ergibt sich eine hohe Laufmaschensicherheit; es treten auch keine wulstigen, auftragenden Nähte auf, wodurch die Strickwaren eine bessere Paßform haben.

Strickhemd

Die klassische Alternative zum V-Pullover oder zum Pullunder unter dem Sakko ist das vielseitig kombinierbare Strickhemd, ob "pur", mit T-Shirt, unter dem Sakko oder als Sakkoersatz über Hemd und Krawatte. Typisch sind die kurze Knopfleiste, der weiche Kragen sowie Unifarben, aber auch Rauten- und Intarsien-Dessins. Gleichzeitig bequem und leger ist das Strickhemd ein Freizeitklassiker.

Material

Wollhaar

Die Eigenschaften des Wollhaares ergeben sich aus seinem Aufbau. Die Feinheit des Haares wird durch die Stärke seiner Kräuselung bestimmt. Stark gekräuselte Wolle nimmt bis zu 40 % ihres Eigengewichts an Feuchtigkeit auf, ohne sich dabei feucht anzufühlen. Sie hält die Körperwärme besonders gut und gibt die Körperfeuchtigkeit langsam nach außen ab, so daß die Verdunstungskälte nicht zum Frieren führt. Hohe Elastizität, Strapazierfähigkeit und Langlebigkeit sind die charakteristischen Eigenschaften der Wolle.

Reine Schurwolle

Reine Schurwolle ist von lebenden Schafen geschorene Wolle.

Lambswool

Nur die erste Schur des Schafes bis zum Alter von einem Jahr wird als Lambswool bezeichnet.

Strickwaren

Rollkragen

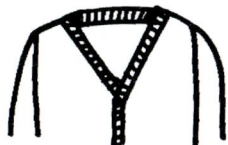

Strickjacke

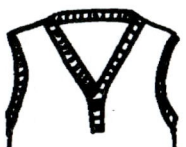

Strickweste

V-Ausschnitt

Pullunder

Rund-Ausschnitt

U-Boot-Ausschnitt

Form	Material	Dessin
Pullover V-Ausschnitt	Cashmere, Lambswool Kamelhaar, Vikunja, Merino, Mohair, Shetland Alpaka, Mischungen	uni, gemustert Fancy/Phantas Rauten/Intarsi
Pullover Rund-Ausschnitt	Cashmere, Lambswool Kamelhaar, Vikunja Merino, Mohair, Shetland, Alpaka, Mischungen	uni, gemustert Fancy/Phantas Rauten/Intarsi
Pullover Rollkragen	Cashmere, Lambswool Merino, Mischungen	uni, Rauten/Intarsi
Pullover U-Boot-Ausschnitt	Cashmere, Lambswool Kamelhaar, Vikunja, Merino, Mohair-Shetland Alpaka, Mischungen	uni, gemustert Fancy/Phantas Rauten/Intarsi
Pullover V-Ausschnitt	Cashmere, Lambswool Merino, Alpaka, Mischungen	uni, Rauten/Intarsi
Strickhemd	Cashmere, Lambswool, Merino, Mischungen	uni, gemustert Rauten/Intarsi
Strickjacke langer Arm	Cashmere, Lambswool, Kamelhaar, Vikunja, Merino, Mohair, Shetland, Alpaka, Mischungen	uni, gemustert Fancy/Phantas Rauten/Intarsi
Strickweste ohne Arm	Cashmere, Lambswool, Merino, Alpaka, Mischungen	uni, Rauten/Intarsi

Strickart	Anlaß	Kombiniert mit
Rechts/Links Patent Fully-Fashion	Beruf, Freizeit	Anzug Sakko Blazer Lederjacke
Rechts/Links Patent Fully-Fashion	Freizeit	Sportjacke Lederjacke
Rechts/Links Fully-Fashion	Freizeit	Sakko Sportjacke Lederjacke
Rechts/Links Fully-Fasion	Freizeit	Sportjacke Lederjacke
Rechts/Links Fully-Fasion	Beruf, Freizeit	Anzug Sakko Blazer
Rechts/Links Fully-Fashion	Freizeit	Sportjacke Lederjacke
Rechts/Links Patent Fully-Fashion	Beruf, Freizeit	Sportjacke Lederjacke
Rechts/Links Fully-Fashion	Beruf, Freizeit	Anzug Sakko Blazer

Lambswool-Geelong

Diese Wolle ist nach der australischen Stadt 'Geelong' benannt. Die Erstschur stammt von bis zu fünf Monate alten Lämmern.

Shetland

Shetland-Wolle ist ein strapazierfähiges, mittelgrobes Material, das von den Schafen der englischen Shetland-Inseln gewonnen wird.

Cashmere

Der Lieferant für dieses sehr feine, elegante Material ist die in Tibet und China lebende Cashmereziege. Die von Hand ausgekämmten Haare zeichnet besondere Weichheit aus. Die klimatischen Lebensbedingungen sorgen für eine gute Wärmespeicherung der Cashmerewolle. Für die Herstellung eines Pullovers wird die Jahresproduktion von vier bis sechs Tieren benötigt. Die Fadenstärken, z. B. two ply oder four ply, ergeben sich aus mehreren, zusammengedrehten Cashmerefäden. Je höher ihre Anzahl, desto wertvoller, wärmer und strapazierfähiger sind die Cashmerepullover.

Vikunja

Die feinste Wollart der Welt wird von der kleinsten Lama-Rasse gewonnen. Die Wollausbeute beträgt pro Tier etwa 240 g. Die daunenähnliche Weichheit des Halshaares und die geringe Ausbeute machen dieses Material zum kostbarsten textilen Rohstoff der Welt. Der seidenähnliche, feine Charakter eignet sich besonders zur Herstellung von Luxusstrickwaren.

Alpaka

Das im lateinamerikanischen Hochland lebende Lama liefert eine sehr leichte, weiche und wertvolle Wolle. Trotz der großen Feinheit ist sie sehr haltbar, fest und elastisch. Die Färbung des Haares ist schattiert von rötlich-gelb bis braun. Weiße Naturfarben sind besonders kostbar.

Mohair
Die Mohairziege liefert den seidenähnlichen, glänzenden, weichen und leicht gewellten Mohair. Mohair bietet hohen Trage-Komfort.

Kamelhaar
Die Wolle des Charaktertieres der arabischen und nordafrikanischen Wüsten ist leicht gekräuselt, sehr fein und durchschnittlich 6 cm lang. Sie hat eine typische beige-gelbliche Färbung. Die hohen Klimaschwankungen machen das Fell sehr dicht und wärmehaltend. Für die Gewinnung erübrigt sich eine Schur, da das Haar zum Jahreszeitenwechsel ausfällt. Das feine Unterhaar wird zu hochwertigen Textilien verarbeitet.

Angora
Es werden die Flaumhaare des weltweit gezüchteten Angorakaninchens verarbeitet. Das hohe Wärmerückhaltevermögen dieses Materials eignet sich besonders für sehr feine, warme Strickwaren. Ein Tier liefert bis zu 500 g Wolle jährlich, die aufgrund ihrer Glätte schwierig zu verarbeiten ist. Angora wird deshalb häufig mit Merinowolle zu hochwertigen Mischungen versponnen.

Ramie
Das malaiische Wort Ramie bezeichnet ein Chinagras, die Bastfaser einer in subtropischen Regionen wachsenden Nesselgewächsgattung. Zu Ramiegarn versponnen und meist mit Wolle oder Baumwolle gemischt, entsteht eine sehr leichte Qualität für sommerliche Strickwaren. Die körnige

Struktur und der kühle Griff verleihen einen angenehmen Tragekomfort auch an heißen Tagen.

Mischung
Alle genannten Wollarten werden sowohl als reine Qualitäten als auch in hochwertigen Mischungen verarbeitet. Das spezifische Gewicht, die Strapazierfähigkeit und die guten Pflegeeigenschaften
charakterisieren eine qualitätsvolle Mischung.

Lederbekleidung

Allgemeines

Leder ist ein Naturprodukt; es ist älter als jede textile Bekleidung. Die Menschen der Urzeit schützen sich gegen die Unbilden der Witterung und Verletzungen mit Tierfellen und Häuten.

Um Leder haltbar zu machen, muß es konserviert, gegerbt und zugerichtet werden.

Nach dem Enthäuten der Tiere wird die Haut gesalzt, um ihr Feuchtigkeit zu entziehen, und konserviert, um sie gegen Bakterienbefall zu schützen. In der Wasserwerkstatt werden die Häute aufgeweicht, enthaart, gesäubert und gegerbt.

Gerbung

Drei Methoden sind zu unterscheiden: Chromgerbung, pflanzliche Gerbung und Sämischgerbung.

Die beste Methode ist die mit mineralischen Salzen vorgenommene Chromgerbung. Das Leder bleibt reißfest, weich und lichtbeständig. Oft werden aber auch die pflanzliche und mineralische Gerbung kombiniert. Mit großen Pressen wird das Leder entwässert und dann mit der Falzmaschine auf die gewünschte gleichmäßige Lederstärke gebracht.

Färben

Drei Methoden des Lederfärbens sind zu unterscheiden:

Die hochwertige *Anilinfärbung* mit transparenten Anilinfarben, die ganz in das Leder einsickern.

Bei der *Pigmentfärbung* wird das Leder mit Deckfarbe abgespritzt. Die Farbe bleibt nur auf der

Oberfläche und deckt die Narben und Unregelmäßigkeiten mit Farbe zu.

Die *Semianilinfärbung* kombiniert zwei Methoden.
Nach dem ersten Anilindurchgang werden anschließend die Unregelmäßigkeiten weggespritzt.

Das Leder muß nach dem Färben imprägniert und
eingefettet werden. Bei Nappaleder (aus der äu-
ßeren Narbenseite der Haut) wird die glatte Oberfläche vorher noch etwas gebügelt. Bei Velourle-
derqualitäten wird die innere Fleischseite der Haut
geschliffen (veloutiert). Dabei wird mit Kratzwalzen
der Schliff für das entstehende Leder sehr fein gemacht.

Qualitäten
Porc ist eigentlich nur ein anderer Name für unser
altbekanntes Hausschwein. Porcleder wird für die
Herstellung von Handschuhen, Schuhen und Lederbekleidung verwendet.

Peccary ist das Leder von freilebenden Wasserschweinen. Es ist sehr weich, anschmiegsam und
atmungsaktiv. Peccary findet bei der Herstellung
von Handschuhen und Schuhen Verwendung.

Rinds- und Kalbsleder ist ein Sammelbegriff für alle Häute der Rinderrasse und dient als sehr robu-
stes Leder zur Verarbeitung von Gürteln, Schuhen
und zu einem geringen Teil als Oberbekleidung.

Das *Haarschaf* ist hauptsächlich eine in den Ländern Indien, Pakistan und Südamerika lebende Schafrasse. Dieses Schaf trägt ein sehr feines Haarkleid und liefert das sehr feine, leichte
und weiche Metis-Leder (feinstes Velourleder). Etwas weniger gebräuchlich ist das Nappaleder der
Haarschafe.

Entrefino: Ein hochwertiges spanisches Haar-schaf spendet das Leder für diese Spitzenqualität hochwertiger Lederbekleidung. Extrem feiner Velourschliff und seidig glänzende Optik bestechen ebenso wie die ausgesprochene Weichheit.

Schaf (Lammleder): Diese fließende Lederqualität wird für Bekleidung sowohl in Nappa als auch in Velourleder verarbeitet.

Ziegenleder gehört mit zum Edelsten. Es ist sehr reißfest, läßt sich seidenweich gerben und hat gute Trageeigenschaften. Die Ziegenlederhäute werden überwiegend als Velourleder verarbeitet. Ein wichtiges Erkennungsmerkmal sind die mehr oder weniger starken Aderabdrücke in der Haut. Dieses Produkt wird hauptsächlich für Bekleidung verarbeitet.

Das *Elchleder* zeigt vor allem eine sehr ausgeprägte Körnung, die auch nach mehreren Arbeitsgängen von Gerbung und Färben unverändert bleibt. Kratzer und Narben sind selbstverständlich, da die Tiere frei in der Wildnis leben. Elchleder wird zu Schuhen und Bekleidung verarbeitet.

Renkalb Das Leder der skandinavischen Rentier-kälber ist handschuhweich und leicht. Trotz der natürlichen Feinheit des Materials von 0,6 bis 0,7 mm bietet es eine erstaunliche Reißfestigkeit und eignet sich für edle Lederoberbekleidung.

Hirschleder: Der feste Griff und die ausgeprägte Körnung des Hirschleders bleiben im Laufe der Zeit erhalten und sind charakteristische Ledermerkmale dieses in der Wildnis lebenden Tieres. Hirschleder gilt aufgrund seines weichen Griffes als Cashmere der Lederarten. Schuhe, Mäntel und Blousons sind typische Hirschlederprodukte.

Bademantel und Badehose

Bademantel

Als um 1880 das Baden im Meer populär wird, benötigt die Dame am Strand eine Art Cape aus Biber, Flanell oder frottierähnlichem Stoff. Nicht nur als Schutz gegen Sonne, Wind und Kälte, sondern vor allem als 'Sichtschutz' für den Weg ins Meer. Seit 1900 übernehmen auch die Herren diese Mode – allerdings ist der Schnitt dem Hausmantel angeglichen.

Formen

Bademäntel gibt es mit oder ohne Kapuze, aber immer knopflos, denn sie werden nur mit einem Gürtel geschlossen. Bademäntel werden im Kimono-Stil, mit Schalkragen oder spitzem bzw. fallendem Revers gearbeitet.

Farben

Der klassische Bademantel ist einfarbig. Bei vielen Modellen findet man kontrastreiche Paspelierungen oder Aufschläge. Auch Phantasiemuster gewinnen immer mehr an Bedeutung.

Materialien

Hochwertige Bademäntel werden heute zumeist aus Frottier hergestellt. Die häufig gebrauchte Bezeichnung Frottee ist irreführend, da unter Frottee ein hartes Gewebe aus Baumwolle, Leinen, Kokos oder sogar Jute verstanden wird. Frottee-Tücher werden ausschließlich zu Massagezwecken verwendet.

Walkfrottier
Walkfrottier erkennt man an den langen, ungeordnet wirkenden Schlingen. Beim Zwirnwalk bestehen diese dagegen aus weich gedrehtem Zwirn. Walkfrottier besitzt bei hoher Schlingendichte eine hervorragende Saugfähigkeit und Weichheit. Es ist die wertvollste Frottierware.

Veloursfrottier
Veloursfrottier hat eine samtartige, geschorene Oberfläche. Die Velourseite ist wenig saugfähig, aber sehr weich; die Innenseite besteht meist aus Walkfrottier.

Badehose

Mit dem Aufkommen der allgemeinen Badelust,
den berühmten Seebädern und dem Zusammen-
rücken von Herren- und Damenbad müssen sich
die Männer nun bedecken, die bisher traditionsgemäß nackt – oder nur unter dem Schutz eines Ba-
dekarrens – geschwommen sind. Franzosen sollen die erste kurze, buntgestreifte Badehose erfunden haben.

Aber soviel Bauchfreiheit ist den Männern nicht
lange gegönnt – kleinliche Sitten verlangen wieder
größere Badehosen, die überhaupt nur noch an
Herrenbadeplätzen erlaubt sind. In den seit 1900
aufkommenden Familienbädern müssen sich die
Männer wieder von der Kehle bis zum Knie bedecken. Noch 1929 ist das oberkörperfreie Baden
für den Herrn verboten.

Zu Beginn der dreißiger Jahre wird das Oberteil
des Herrenbadeanzuges mehr und mehr ausgeschnitten. Die weiten Armlöcher verleiten erste wa-
gemutige Herren dazu, die Träger ganz herunter
zu rollen. Erst gegen Ende der dreißiger Jahre
wird die einfache Badehose für den Herrn wieder
'strandfähig'. In den USA ersetzt der Herr den Gürtel der Badehose bereits durch eine innen geführte
Schnur.

Erst nach dem Zweiten Weltkrieg wird Größe und
Farbe der Badehose nicht mehr nur von den Tu-
gendwächtern, sondern von der Mode diktiert. Badehosen aus Latexstoffen kommen auf; Ende der
sechziger Jahre knapp geschnittene Badehosen
aus luftdurchlässigen, schnell trocknenden Syn-
thetics. 1970 sind oberschenkellange, enganlie-
gende Badehosen en vogue, die zunehmend von

den weiten, bequemen Badeshorts abgelöst werden.

Farben

Um 1915 kommen in England die berühmten quergestreiften, blau-weißen Schwimm-Trikots für Herren auf. Während auf der Insel die noch mutigeren Männer sogar zum rot-weißen Streifen greifen, werden in den deutschen Seebädern in den dreißiger Jahren nur dunkelfarbige Anzüge geduldet, die in nassem Zustand undurchsichtig bleiben. Die heutige Badekleidung hingegen besticht durch ihre farbliche Vielfalt.

Uni
Einfarbige Badehosen sind immer noch weit verbreitet; heutzutage aber in allen Farben – vom strahlenden Weiß bis hin zum klassischen Blau.

Hawaiimuster
Als Hawaiimuster werden auffallende, starkfarbige Blumenmuster bezeichnet. Nicht nur an nordamerikanischen Stränden sind Bermudas mit Hawaiimuster wieder besonders beliebt.

Karos
Karomuster finden sich häufig auf klassischen Badeshorts oder Bermudas. Das klare Schottenkaro wird vom Madraskaro unterschieden. Dieses aus Indien stammende Muster erkennt man an der leicht verschwommen wirkenden Musterung.

Formen

Form und Größe der Badehose sind heute allein von dem persönlichen Geschmack des Trägers und seiner körperlichen Konstitution abhängig. Ob Bermudas, Badeshorts oder knappe Badehose – erlaubt ist, was gefällt.

Bermudas

Die Ursprünge der Bermuda-Shorts liegen in Indien: Britische Soldaten schneiden Anfang des Jahrhunderts ihre Uniformhosen der feucht-schwülen Hitze wegen knapp über dem Knie ab. Die 'gekappten' Hosenbeine machen die Bermudas Jahrzehnte später zu einer luftigen, allseits beliebten Strandkleidung, die seit den fünfziger Jahren die westliche Welt erobert hat. Mit besonders großen, auffälligen Mustern beherrschen sie auch heute wieder die Strandmode.

Shorts

Shorts sind knapp bis zu den Oberschenkeln reichende Sport- und Freizeithosen. 'Erfunden' wurden sie vom englischen Tennisstar Runny Austin. Seit 1932 verblüfft er in diesem Dreß die Zuschauer auf dem Court. Die amerikanische, oberschenkellange Unterhose wird damit vorzeigbar. Badeshorts unterschiedlicher Länge breiten sich mit viel-

fältigen Dessinierungen seit dem Zweiten Weltkrieg an den Stränden aus. Besonders knapp geschnittene Badehosen in Slipform erreichen in den
siebziger Jahren ihren Höhepunkt. Heute erhalten
die bequemen Badeshorts vielfach den Vorzug.

Materialien

Als der Mann Ende des 19. Jahrhunderts noch
mehr 'badete' als schwamm, wird die Badekleidung aus Serge oder Flanell gefertigt. Erst seit
1915, mit dem Aufkommen der körpernahen Ba-
demode, wird Wolljersey verarbeitet.

Kunstfasern
Mitte der dreißiger Jahre tauchen die ersten Kunstfasern auf. Sie ermöglichen die Herstellung leichter, formbeständiger Badekleidung.

Heute sind Badehosen aus Kunstfasern wie Ly-
cra besonders wegen der hervorragenden Pflegeeigenschaften beliebt. Sie lassen sich problemlos
mit einem milden Feinwaschmittel waschen und
trocknen blitzschnell nach jedem Bad.

Naturfasern
Für Bermudas und Badeshorts werden zumeist
Baumwollstoffe bzw. Mischgewebe verarbeitet. Sie
trocknen zwar nicht so schnell wie Kunstfasern,
zeichnen sich aber durch angenehmen Tragekomfort aus.

Pflege

Pflege

Anzüge, Hosen

Herrenanzüge aus Naturfasern sind wertvolle Kleidungsstücke. Bei richtiger Behandlung bereiten sie ihrem Träger jahrzehntelang durch guten Sitz, Formbeständigkeit und Stoffqualität Freude.

Die individuellen Reinigungs- und Bügelvorschriften sollten deshalb sorgfältig eingehalten werden.

Der erste Schritt zur Kleiderpflege heißt Bürsten, denn jedes Kleidungsstück wird durch Bürsten schöner und sitzt besser. Zudem wird der Staub entfernt. Dies ist besonders wichtig, denn Staub zerstört das Gewebe!

Naturborsten-Bürsten eignen sich am besten. Synthetische Bürsten sind meist zu hart und ruinieren das Gewebe.

Feine Härchen auf Kragen oder Façon sollten immer mit bloßen Fingern entfernt werden, auch wenn das sehr viel Zeit erfordert. Das Entfernen dieser Partikel und Flusen mit Klebeband hinterläßt auf feinen Stoffen hin und wieder Abdrücke.

Wichtig ist es, die Bürste in schwingenden Bewegungen und immer in gleicher Richtung zu führen. Bei stark verschmutzten Kleidungsstücken kann sie leicht mit Wasser oder schwarzem Kaffee angefeuchtet werden.

Regelmäßige Pausen sind für die Wert- und Formerhaltung der Anzüge wichtig. Die Kleidungsstücke bedürfen einer Erholungsphase. So vermeidet man, daß sie vorzeitig aus der Form gehen. Sakkos sind auf guten Bügeln über Nacht auf den

Balkon oder die Terrasse zu hängen. Für die Hosen empfiehlt sich ein 'stummer Diener' mit Bügelvorrichtung, der auch das zusätzliche Hosenbügeln ersetzt.

Wollmäntel

Reine Schurwolle ist ein Naturmaterial mit besonders guten Regenerationseigenschaften.

Nasse oder feuchte Mäntel sind auf einem stabilen Formbügel an einer gut durchlüfteten Stelle zum Trocknen aufzuhängen. Heizungen oder andere Wärmequellen sollten gemieden werden.

Der Mantel muß von Zeit zu Zeit mit einer nicht zu harten Bürste abgebürstet werden. Dies gilt besonders für Lodenmäntel, die durch das Bürsten in Strichrichtung ihren typischen Glanz erhalten.

Hemden

Helle *Baumwoll-Hemden* können in der Waschmaschine (60° C) im Pflegeleichtprogramm gewaschen und kurz geschleudert werden. Danach sind sie mühelos zu bügeln. Intensiv- und druckfarbige Hemden müssen auch in der Waschmaschine unbedingt gesondert von anderen Wäschestücken gewaschen werden. Zu diesem Zweck sollte man Feinwaschmittel benutzen.

Gewebe und Jersey-Gewirke in Intensivfarben besitzen fast immer einen Farbüberschuß, der sich trotz bester Echtfärbung bei den ersten Wäschen durch 'Ausbluten' bemerkbar macht. Es empfiehlt sich, der Waschlauge und dem letzten Spülwasser einen Schuß Essig zuzugeben und gut zwischenzuspülen.

Farbige Hemden sind immer nur 'angetrocknet' aufhängen. Am besten werden sie sofort in ein Frottiertuch gerollt oder nach der Maschinenwäsche ganz kurz angeschleudert.

Woll- und Seiden-Hemden werden in kaltem oder lauwarmem Wasser mit Feinwaschmittel von Hand oder im Wollprogramm der Waschmaschine gewaschen, wenn das Pflegeetikett den Zusatz "waschmaschinenfest" aufweist. In kaltem Wasser sollten sie bis zur Klarheit gespült, nur leicht ausgedrückt und dann sofort in ein Frottiertuch gerollt werden. Anschließend sind sie flach auszubreiten und bei Zimmertemperatur zu trocknen. Die Hemden dürfen nicht in die Sonne oder auf die Heizung gelegt werden.

Schontips für die Hemdenwäsche
Empfindliche Hemden können im Nesselbeutel oder Kopfkissenbezug gewaschen werden. Dadurch wird vorzeitiger Verschleiß von Kragenecken und Manschetten vermieden.

Hemdenbügeln ist viel einfacher als man denkt. Vor allem Baumwolle läßt sich spielend leicht bügeln, wenn sie feucht ist. Einsprengen hat nur Erfolg, wenn noch eine gewisse Restfeuchte im Gewebe vorhanden ist, sonst muß man warten, bis die trockene Baumwolle durch Quellung die fehlende Feuchtigkeit wieder aufgenommen hat. Das dauert Stunden!

Bitte hängen Sie Ihr Hemd nach der Wäsche (nur anschleudern) naß auf einen Bügel. Lassen Sie es aber nicht ganz trocken werden, bevor Sie es bügeln.

Reine Baumwolle kann immer mit Höchsttemperatur gebügelt werden.

Ein Hemd ist nie zu stärken, auch nicht mit sogenannter Appretur aus der Sprühdose! Dieses Mittel verwandelt die feinsten Gewebe in Packpapier.

Zuerst bügelt man den Kragen – immer von den Kragenecken nach innen, um Falten zu vermeiden. Danach wird die rückwärtige Passe geglättet. Es folgen Knopfloch- und Knopfleiste. Anschließend wird das Hemd von einem Vorderteil durchgehend über den Rücken zum anderen Vorderteil gebügelt. Zum Schluß knöpft man das Hemd zu und bügelt Manschetten und Ärmel.

Durch sorgfältiges Zusammenlegen der Hemden können Falten vermieden werden. Dazu ist das Hemd glatt auf die Vorderseite zu legen. Der rechte Ärmel und ein Teil des Rumpfes werden nach links gefaltet und der Ärmel glatt nach unten gelegt. Die andere Hemdseite folgt gegengleich. Hemdsaum und Manschette werden ein kleines Stück nach innen gefaltet und das untere Teil nach oben eingeschlagen.

Krawatten

Jeder Krawatte gönne man nach dem Tragen tagelange Ruhe. Ein mehrwöchiger "Schönheitsschlaf" läßt Krawatten länger leben. Niemals sollte sie über Nacht unaufgeknotet abgelegt werden. Für die erste Nacht empfiehlt es sich, die Krawatte zur Schnecke zu rollen, bevor man sie am nächsten Morgen glatt im Kleiderschrank aufhängt.

Weist die Krawatte nach häufigem Tragen Knitter-
stellen auf, sollten diese schonend gebügelt werden. Damit das Eisen das Gewebe nicht beschä-
digt, ist ein Tuch dazwischenzulegen. Die Kanten dürfen nicht flachgebügelt werden. Verknitter-
te Krawatten werden über Wasserdampf geglättet
oder mit einem dazwischenliegenden Tuch gebügelt. Krawatten mit Seidenbestandtil sind nicht mit
Wasser, sondern mit reinem Benzin zu reinigen.
Bei groben Verunreinigungen ist die Krawatte in
die Reinigung zu geben.

Reine Seide läßt sich nicht farbecht färben. Krawatten müssen deshalb vor Feuchtigkeitseinfluß,
selbst Körperschweiß, geschützt werden, da sonst
ein 'Ausbluten' der Farben nicht auszuschließen
ist.

Für die Reise ist ein Krawattenetui sinnvoll. Herren, die mit Kleidersäcken reisen, können die Krawatten über den Hosenbügel hängen. Der beste
Krawattenschutz ist eine Krawattenklammer. Auch
mit der schwungvollsten Bewegung landet die Krawatte dann weder im Kaffee noch in der Suppe.

Strickwaren

Pullover sollten per Hand bis 30° C mit einem Feinwaschmittel gewaschen werden. Die Teile dürfen
nicht gerieben oder gewrungen werden, sondern
sind nur durch leichtes Drücken zu reinigen. Auf
gar keinen Fall dürfen hochwertige Strickwaren geschleudert oder im Trockner getrocknet werden.
Die gewaschenen Teile sind am besten flach auf
einem Handtuch auszubreiten, in Form zu legen
und anschließend durch leichtes Bügeln zu glät-

ten. Grobe Verunreinigungen lassen sich auf einem Pullover kaum selbst beheben. Man gibt ihn deshalb besser in die Reinigung.

Strümpfe

Schon der gute Ton gebietet es, Socken und Strümpfe nach einmaligem Tragen zu waschen! Wollstrümpfe können bei 30°C, Baumwollstrümpfe bei 60°C gewaschen werden. Cashmere, Super 100 und Seide sind möglichst bei 30°C von Hand zu waschen. Ausbleichungsgefahr! Am besten ist es, die Strümpfe nach dem Waschen vorsichtig auszuwringen und dann griffeucht aufzuhängen. Strümpfe niemals bügeln! Die Hitzeentwicklung beim Bügeln läßt das Gummi schmelzen und brüchig werden. Auch zu heißes Waschen schadet der Elastizität des Strumpfgummis.

Schuhe

Regelmäßige und sorgfältige Pflege erhält Wert und Aussehen der Schuhe. Die goldene Regel der Schuhpflege lautet: Einen Tag tragen – zwei Tage ruhen lassen. Nach jedem Tragen sollte der Schuh auf einen Schuhspanner gezogen werden. Das Leder muß dabei noch tragewarm und geschmeidig sein, sonst wird es durch den Holzleisten überdehnt, es entstehen Risse. Die Holzspanner absorbieren die im Schuh entstandene Feuchtigkeit; das Leder kann atmen.

Feuchte Schuhe dürfen niemals an einem Heizkörper getrocknet werden. Die trockene Hitze entzieht dem Leder alle Feuchtigkeit – es wird spröde und brüchig.

Sind die Schuhe völlig durchnäßt, werden sie mit Zeitungspapier ausgestopft. Man stelle sie schräg, damit Luft an alle Partien kommt. Wenn sich das Papier vollgesogen hat, wird es ausgetauscht.

Angetrockneter Schmutz ist vorsichtig erst mit einem stumpfen Messer abzukratzen und der verbliebene Schmutz mit einem feuchten Tuch abzuwischen.

Zur Pflege eignet sich eine ölig-dünnflüssige Dosenpaste am besten, harte Wachspasten sorgen für den Glanz. Schnellreiniger, meist Plastikflaschen mit Schwamm, sollten für Schuhputz-Notfälle reserviert bleiben.

Für einen besonders strahlenden Glanz polieren Schuhputz-Profis mit einem zusammengeknüllten Nylonstrumpf: Die Reibungshitze läßt die Oberfläche der Cremeschicht etwas anschmelzen – der Effekt ist beeindruckend.

Lacklederschuhe sind mit einem speziellen Lackpflegemittel behutsam zu reinigen. Normale Pflegemittel machen den Lack stumpf.

Schuhe aus Veloursleder werden mittels einer speziellen Bürste mit Kreppgumminoppen vom täglichen Staub und Schmutz befreit. 'Blanke' Stellen rauht man vorsichtig mit Sandpapier oder einer feinen Nylon- oder Drahtbürste auf. Ein imprägnierendes Spray schützt das Rauhleder; Flecken können mit einem Lösungsmittel entfernt werden.

Abgetragene oder dünn gewordene Ledersohlen lassen Wasser durch. Sie müssen rechtzeitig erneuert werden. Spätestens, wenn die zweite

Schicht, der Unterfleck, sichtbar wird, sollte man einen Schuster aufsuchen.

Schirme

Einen Schirm trocknet man am besten, indem man ihn geschlossen am Griff aufgehängt. Wird über die Gestellspitzen ein Gummiring gezogen, liegt das Stahlrohr eng am Schaft. Dadurch lassen sich die Stoffbahnen trichterförmig auszupfen, der Bezug wird nicht angegriffen.

Der vollendete Schirm ist schlank, möglichst eng gerollt, stabil und dauerhaft. Nur der trockene Schirm darf gerollt werden. Natürlich kann man den Schirm nun in einem Futteral verschwinden lassen. Doch warum? Die Eleganz eines eng gerollten Schirmes spricht schließlich für sich. Deshalb verzichten die britischen "Schirmherren" zumeist auf das Futteral.

Lederbekleidung

Lederbekleidung sollte grundsätzlich von großer Hitze ferngehalten werden. Besonders intensive Sonneneinstrahlung (z. B. Ablage im Auto) ist zu vermeiden. Durch zuviel Wärme wird Leder hart und brüchig. Lederjacken dürfen nicht auf der Heizung getrocknet werden. Bei empfindlichem Veloursleder kann die Sonne zu leichtem Verbleichen führen.

Lederreinigungen sollen grundsätzlich nur in Spezialbetrieben durchgeführt werden, welche durch folgende Zeichen ausgewiesen sind:

Wird Leder einigermaßen sorgsam gepflegt, bleibt das Thema Reinigung eine Ausnahme. Etwas Patina gehört genauso zum Leder wie die kleinen Fältchen zur Haut.

Vor dem ersten Tragen und später in regelmäßigen Abständen muß wertvolle Lederkleidung mit einem Spezialspray behandelt werden. Auf diese Weise wird das Leder schmutz- und wasserabweisend.

Leichte Regenflecke können nach dem Trocknen (Sonne und Heizkörpernähe vermeiden) mit einem Gummischwamm in Faserrichtung des Leders weggestrichen werden. Straßenschmutz, likör- und stockhaltige Flecken sind sofort mit lauwarmem Wasser vorsichtig auszureiben.

Wasch- und Pflegesymbole

Waschen
Kochwäsche darf bei 90° C in der Maschine gewaschen und geschleudert werden.

Buntwäsche, z. B. aus Baumwolle, verträgt Heißbehandlung in der Maschine bei 60° C.

Feinwäsche mit diesem Zeichen kann bis 40° C in der Maschine behandelt werden.

Schongang ist bei 30° C und immer bei Symbolen mit Balken angezeigt.

Handwäsche sollte nur in lauwarmem oder kaltem Wasser erledigt werden.

Nicht waschen darf man Textilien mit dem durchgestrichenen Waschbottich-Symbol.

Bügeln
Hohe Temperatur, also rund 200° C, ist z. B. bei Baumwolle und Leinen erlaubt.

Mittelheiß dürfen z. B. Wolle und Seide, Polyester und Viscose gebügelt werden.

Reinigen
Alle üblichen Lösungsmittel darf die chemische Reinigung hier anwenden.

Perchloräthylen, bei den meisten Chemisch-Reinigern im Gebrauch, ist erlaubt.

Nicht chemisch reinigen.

Tips zur Fleckenentfernung

Bier
Löst sich in lauwarmem Wasser mit Flüssigwaschmittel. Ältere Flecken mit Spiritus und Wasser ausbürsten.

Eigelb
In lauwarmer Seifenlösung auswaschen. Vorher eintrocknen lassen und Eigelb möglichst entfernen.

Farbe
Sofort mit Lösungsmittel auf weißem Baumwollappen behandeln. Nicht reiben! Nach dem Trocknen ausbürsten.

Fett
Fett läßt sich gut mit Flüssigwaschmittel entfernen.

Kaffee, Kakao
Mit Waschmittel in warmem Wasser auswaschen oder Fleckenwasser anwenden, betupfen, kalt auswaschen.

Kugelschreiber
Spiritus auf Wattebausch geben, leicht abtupfen.

Lippenstift
Alkohol auf Wattebausch geben, abtupfen oder in Feinwaschmittel waschen.

Milch
In lauwarme Waschmittellauge legen. Nach einigen Stunden spülen, waschen.

Obst
Bei Obstflecken empfiehlt sich die Zugabe von Fleckensalz (z. B. Sil).

Rotwein
Mit Saugpapier sofort aufsaugen, spülen, waschen.

Wachs
Erst ablösen. Rest zwischen Saugpapier mit mittlerer Bügeltemperatur herausbügeln.

Nachwort

Nachwort

Stilvoll gekleidet?

Ihre Garderobe haben sie gekonnt ergänzt – mit Hilfe dieses Buches und eines guten Fachgeschäftes. Sind sie nun stilvoll gekleidet? Ja und nein. Modern formuliert, die Hardware ist da, allein es fehlt die Software. Ein Blick nach England mag helfen. Die erste Voraussetzung für guten Stil ist leicht auszumachen: Nichts darf neu aussehen, noch besser nicht neu sein. Alles sollte den Eindruck erwecken, als würde es schon lange benutzt. Es empfiehlt sich die Ausführung eines Gentlemans über das Taschentuch in diesem Buch zu lesen.

Seine Bemerkung zu Schuhen sei wiederholt: Erst nach 20 Jahren entwickelt ein guter Schuh seine unverwechselbare Patina.

In einem guten englischen Wohnzimmer finden sich selten Garnituren. Die Einrichtung ist selbstverständlich in einer langen Familiengeschichte entstanden und keinesfalls zu einem bestimmten Zeitpunkt neu erworben worden. Alles sollte normal aussehen, d.h. normal benutzt. Hierin zeigt sich der Unterschied zwischen gelebter Vergangenheit und einem Museum.

Nichts ist also schlimmer, als wenn Sie den Eindruck erwecken, Sie hätten soeben ein Fachgeschäft verlassen.

Nun läßt sich Tradition, wo sie nicht vorhanden ist, kaum aus dem Hut zaubern. Einige Hinweise müssen helfen. Wenn Sie es richtig machen wollen, machen Sie nichts grob falsch. Aber, machen Sie es nicht zu richtig.

Ein amerikanischer Fachjournalist bemerkt "It is the look of not trying too hard, of not getting everything right, that shows superiority masked by diffidence and ease" (Bruce Boyer).

Jeder gute Spieler, im Schach oder im Fußball, kennt das "Lehrbuch" und spielt doch anders. Gerade hierin liegt sein, nicht zuletzt persönlicher Erfolg.

Register

Hardy Amies

Anzug und Gentleman

Von der feinen englischen Art sich zu kleiden

'Typisch englisch!' – wer hat diesen Satz nicht schon gehört oder selbst ausgesprochen? Nur den wenigsten dürfte heute, am Ende des 20. Jahrhunderts, bewußt sein, daß sie sich zu einer großen englischen Tradition bekennen, wenn sie einen Anzug tragen. Er ist eng mit der englischen Geschichte und dem englischen Königshaus verbunden.

Wer weiß schon wie man dazu kam, klar zwischen einem Einreiher und einem Zweireiher zu unterscheiden? Ist Ihnen bewußt, daß Sie, ja Sie, in Ihrem flotten Nadelstreif mit zwei Knöpfen nichts anderes tragen als einen verkürzten Reitanzug?

Alle, von Kleidungsfragen verunsichert, mag es hilfreich sein. Meine Überlegungen können allen helfen, die an sozialen Aufstieg denken: den Regeln, die festgehalten werden, folgen Männer der besseren Kreise ganz selbstverständlich. (Aus dem Vorwort)

Sir Hardy Amies wurde 1909 in London geboren. Er lebte und arbeitete in Frankreich und Deutschland, bevor er 1930 nach England zurückkehrte um dort als Schneider zu arbeiten. 1945 eröffnete er sein eigenes Modehaus in 14 Savile Row, der Straße der englischen Schneider. Er entwirft sowohl Damen-, als auch Herrenkollektionen und arbeitet seit über 40 Jahren der Hofschneider der Queen.

160 S., 20 Abb., 34,80 DM, gb., ISBN 3-8258-3465-5

LIT Verlag   Münster · Hamburg · London

Dieckstraße 73   48145 Münster   Tel. 0251–235091
Fax 0251–231972   E-Mail lit@lit-verlag.de

die Krawatte

Ein Brevier des Geschmacks

Die Krawatte

Ein Brevier des Geschmacks

Dieses Büchelchen behandelt ein Thema, das uns im wahrsten Sinne des Wortes zum Halse heraushängt: Die Krawatte. Wir haben alles was man von der Krawatte weiß, historisches, ästhetisches, ethisches, praktisches, alltägliches und witziges gesammelt und zusammengestellt... Leute, die auch für das Oberflächliche ein tiefes Verständnis haben, werden viel Interessantes in diesen Kapiteln finden und manchem angegebenen Winke folgen.

(Aus dem Vorwort)

1996 (Reprint von 1912), 68 S., zahlr. Abb., 19,80 DM, gb., ISBN 3-8258-3121-3

LIT VERLAG   Münster – Hamburg – London

Dieckstr. 73   48145 Münster
Tel.: 0251 / 23 50 91   Fax: 0251 / 23 19 72

Oscar Lenius

Kleines SØR-Brevier
der Kleidungspflege

Gute Pflege verleiht Dauerhaftigkeit, und der Herr legt
seine Kleidung auf Dauer an. Neuer Kleidung fehlen
Charme und Würde. Die Würde gepflegter Kleidung
ist dagegen unübertroffen.
Alles praktische Wissen bietet der Band.
176 S., Leinen, 24,80 DM, ISBN 3-8258-2694-5

Thomas Rusche

Kleines SØR-Brevier
der Kleidungskultur

Mit diesem SØR-Brevier kann erstmals eine kleine
Enzyklopädie der internationalen Kleidungskultur vor-
gelegt werden, die sich der zeitlosen Gültigkeit des
guten Geschmacks verpflichtet fühlt. Möge dieses
Organon dem klassisch gekleideten Herrn als Ratge-
ber zur Seite stehen.
248 S., Leinen, 24,80 DM, ISBN 3-89473-101-4

LIT Verlag   Münster · Hamburg · London

Dieckstraße 73   48145 Münster   Tel. 0251–235091
Fax 0251–231972   E-Mail lit@lit-verlag.de